Renoir & le marchand d'art

L'enquête internet qui a révélé "Soirée d'été"

Ahmed ZIANI

Avertissement

Ce récit est une autofiction qui détaille l'aventure extraordinaire qui m'est arrivée en 2014. Les personnages, les lieux, les situations et les événements représentés dessinent ma propre vision de la réalité, à la lumière de mes investigations. Cette enquête vise à exposer une vérité personnelle sur le monde de l'art tel qu'il est aujourd'hui, à partir de ma passion pour ce qu'il était hier.

Une histoire écrite avec le concours de Céline Bernard, biographe.

Pour le format Papier -EAN : 9782956981305

Remerciements

Cette aventure n'aurait pas été possible sans le web. Je remercie chaleureusement tous ceux qui œuvrent à la publication sur internet de documents d'histoire, d'images, de vidéos et d'informations vraies. Sans me connaître, ils m'ont donné accès à un trésor. Je voudrais aussi tout spécialement remercier les amis qui se sont engagés financièrement à mes côtés pour que je poursuive mes recherches et qui m'ont soutenu pour l'authentification :

Jacques, qui a rendu possible la première expertise scientifique,

Mourad, buraliste,

S., taxi,

Madame la Directrice, Madame B., Monsieur M. ainsi que tous les agents d'HSBC, pour leurs aimables dépannages,

Ainsi que les ami.e.s du Canal qui ont écouté mon histoire à son authentique valeur :

Adrien et Madame E. pour le prêt de son local,

Fabienne et Milka,

Patrice, Fabienne et Charlyne,

Louis et son papa, Jordy et son papa.

Sans oublier Renaud, pour sa trouvaille du journal de Julie Manet,

ainsi que les bêtalecteurs de ce récit.

Merci !

Première partie : mars à septembre 2014

Chapitre 1

L'amateur, c'est celui qui aime

Au départ, je ne suis pas marchand d'art.

Moi, ce que j'aime, c'est regarder les tableaux, surtout les paysages.

Quand vous avez un clair de lune devant vous, vous avez l'impression d'être attiré, d'entrer dans la scène représentée. Vous changez d'époque, vous échappez à la vie actuelle, à la galère, à la misère... C'est incroyable, l'effet que les représentations de scènes nocturnes ont sur moi. Tenez, prenez l'*Exécution de Maximilien* d'Edouard Manet. C'est aussi en pleine nuit. Le peintre choisit de représenter exactement le moment du coup de feu pour protester contre le sort de l'empereur du Mexique Maximilien, condamné par les Républicains et abandonné par La France. Il s'est inspiré de la peinture de Francisco Goya, *El Tres de maio, Madrid, 1814*, condamnant la répression du peuple espagnol par l'armée napoléonienne. C'est un vrai moment d'histoire et les peintres n'ont pas froid aux yeux. En 1883, à la mort de l'artiste, on a découpé sa plus grande toile pour en tirer un meilleur prix sans doute et les fragments sont exposés au British Museum - enfin, sauf erreur de ma part. Et moi, je regarde la lune au-dessus du mur du théâtre qui sert de cour de justice et je me laisse envahir par le chef-d'œuvre.

Enfin, pour être vraiment honnête, cette fascination pour la lune m'est venue après coup, une fois que j'ai acheté mon tableau de Renoir. Personnellement, la nuit me fait peur, surtout quand il faut que je traverse un bois seul. Mais la vérité dépasse la fiction comme on dit. Voilà ce qui s'est réellement passé. Un rêve. Une nuit d'été, j'avais la trentaine par là, j'ai rêvé d'un paysage, avec cette lumière magique de la pleine lune en forêt. Je me suis levé d'un bond tellement le rêve était clair ! Je me suis frotté les yeux parce qu'ils me brûlaient. Et ce n'est pas un souvenir : en forêt, je n'y vais jamais et surtout pas la nuit. C'est beaucoup plus tard que j'ai compris de quoi il s'agissait. Ce clair de lune ne correspondait à rien pour moi, j'y pensais parfois, je me demandais comment ce paysage avait pu se graver dans mon esprit. Jusqu'à cette nuit de printemps 2014.

ACHAT SUR LE BON COIN
16 AVRIL 2014

Une nuit d'été, j'ai rêvé d'un paysage, avec cette lumière magique de la pleine lune en forêt.

Au début, je n'ai pas pensé à Renoir.
J'ai pensé à Vernet.

Pourtant au départ, fils aîné d'une famille de six enfants,

rien ne me prédestinait à devenir amateur de peinture. Mes parents sont arrivés en France en 1966, juste après l'indépendance de l'Algérie. Ils sont originaires de Boussaâda, qu'on appelle "la cité du bonheur" et où je retourne chaque année, voir ma mère surtout puisqu'elle est retournée vivre sa retraite sur sa terre natale. À mi-chemin entre le désert et le littoral, les palmeraies de l'oasis, au pied des monts de l'Atlas, abritent une ville magnifique à l'histoire remarquable. On y cultive la vigne, l'abricot, la figue, la grenade, et d'autres merveilles de la nature grâce au fleuve qui l'abreuve. A la croisée des chemins des caravanes, la beauté de ses jardins a été remarquée par les ethnographes, les écrivains comme Guy de Maupassant, les cinéastes comme Cecil Blount Demille - qui y tourna une scène de *Samson et Dalila* en 1948, et les peintres. La maison d'Etienne Dinet, qui se fait appeler Nasreddine à sa conversion, est devenue le musée de la ville. Peut-être que c'est ce lieu choisi par ce peintre exceptionnel pourtant né à Paris qui m'a rendu sensible à la peinture orientaliste, indirectement.

Moi, je suis né en France, dans une petite commune de l'Isère, à Charvieu-Chavagneux. Dès que j'ai eu l'âge de rendre service, j'ai commencé à travailler sur le marché du dimanche de Pont de Cheruy, avec un paysanne qui vendait des poules, des œufs et du fromage. Je me levais aux aurores pour faire mes deux kilomètres à pied dans la campagne et tenir le stand jusqu'à midi. Elle me tendait un billet bleu de cinquante francs et selon si la vente avait été fructueuse, une poule, une douzaine d'œufs ou un petit chèvre pour la maison. Je n'étais pas peu fier en rentrant chez moi. J'économisais alors pour me payer un vélo : j'ai opté pour une occasion, un vélo rouge qui m'a bien facilité les choses. Juste à côté du stand de la fermière, je me souviens qu'il y avait un vaisselier. Il proposait des services de table, à café ou à dessert peints à la main. Ce n'était pas la vraie porcelaine de Limoges, mais je m'intéressais bien : j'aimais regarder les motifs, surtout les décors floraux. Sinon, pour l'école, c'était surtout l'école buissonnière. Je prenais les chemins de traverse du côté du ranch, en suivant la route du Réveil. Je me retrouvais plus souvent dans les champs de blé ou de maïs, dans les vergers de pommiers ou de cerisiers que sur les bancs de la communale. Si bien que je me suis très vite orienté vers l'apprentissage d'un métier, plus ou moins choisi et que j'exerce encore : celui de tourneur industriel. A la majorité, armé de mon CAP, je suis vite devenu salarié de Renault, Peugeot, Caterpillar, de grosses boites qui m'ont amené jusqu'à Roanne ou à Lyon. J'ai pas mal bourlingué au final.

C'est tardivement que les tableaux ont commencé à m'intéresser. Surtout ceux des orientalistes, des peintres du XIXème, Charles Gleyre par exemple. Il faut voir ses peintures ! Magnifiques ! Quelle force, quelle lumière ! Et sa manière de peindre des scènes avec des personnages dignes et beaux, calmes. Ce grand peintre suisse a été nommé professeur aux Beaux-Arts de Paris à la fin du siècle et c'est là qu'il a formé tous les impressionnistes célèbres qu'on connaît aujourd'hui. Son cours a été fréquenté par plus de cinq cents élèves, certains moins connus comme Gérôme, Hamon, Picou, mais aussi Monet, Renoir, Sisley, Diaz de la Peña, Bazille !

Et puis, il y aussi les marines de Vernet. Claude-Joseph Vernet. Louis XV lui avait commandé vingt-quatre tableaux des ports de France pour montrer les activités locales. Même s'il ne les a pas tous réalisés, il reste le plus grand peintre de marines françaises. Grâce à son style personnel qui laisse une grande place au ciel nuageux, il vous emmène en voyage, avec les navires à l'amarrage, la mer et le clair de lune qui se reflète dans les vagues. Les tons bleus et la lumière contrastée m'attirent, je me sens comme envahi quand je contemple ses toiles.. Dans son "Port au clair de lune", qui date de 1771, il a mis des personnages occupés à entretenir un feu de camp, à naviguer en barque ou à pêcher. Si l'on en croit cette toile, la vie à cette époque devait être bien agréable. En tous cas, elle me fait rêver et rien d'autre que la contemplation de tableaux ne me procure de telles sensations.

Je me souviens de la première fois où j'ai ressenti une telle fascination. C'était à une brocante, je devais avoir à peine la trentaine encore, et je suis tombé sur un petit tableau orientaliste à vendre pour quelque chose comme cent cinquante francs.

À l'époque, il n'y avait pas d'euros. La scène montrait la Casbah d'Alger avec le Dey au premier plan assis sur des tapis aux motifs chatoyants. L'image m'a tellement plu que je l'ai gardée chez moi pendant un petit moment jusqu'au jour où je l'ai revendue, et plutôt bien du coup ! Avec l'argent gagné, j'ai commencé à en acheter d'autres, petit à petit, bref, vous savez comment ça marche.

On peut dire qu'au fil du temps, je me suis spécialisé dans la vente de peintures orientalistes du XIXème. Et aussi de statues en bronze. Mais les sculptures ou les moulages ne me font pas du tout le même effet. Quand vous les regardez, elles sont là, c'est tout. Côté imaginaire, c'est sec : il n'y a rien autour, il n'y a pas d'histoire. Mais j'aime bien en acheter aussi parfois. Au final, je me suis fait un réseau : certaines personnes savent que je suis à la recherche de l'œuvre d'exception, alors elles gardent le contact avec moi. C'est que je ne fais pas de mystères : j'annonce la couleur, je ne suis pas du genre à cacher mon jeu. Tout le monde sait ce que je cherche. En parallèle, je consulte souvent Ebay ou le Bon Coin, je me documente sur Google, j'observe, je m'intéresse aux reproductions sur internet et parfois, je m'en vais visiter le Musée d'Orsay ou le musée du Louvre. J'ai toujours eu l'intuition que je trouverai un jour un grand tableau de maître.

Avec la guerre mondiale, beaucoup d'œuvres se sont retrouvées détruites, perdues, cachées et oubliées, voire volées ou spoliées. Et avec le temps, on a perdu leur trace, ce qui laisse une chance pour les retrouver aujourd'hui. Et en bon état d'ailleurs, car elles étaient faites pour durer. Il faut savoir que les peintres de l'époque réalisaient des œuvres à l'épreuve du temps, tandis qu'aujourd'hui... Prenez Renoir, par exemple : il a fait ses débuts comme apprenti peintre en porcelaine et il a appris des techniques précises. C'est à 23 ans qu'il s'est mis à suivre des cours aux Beaux-Arts, justement avec ce professeur Charles Gleyre. Il a su tirer parti des enseignements qu'il a reçus. Il enduisait ses tableaux de couches préparatoires de plomb et de zinc pour qu'avec le temps, la peinture ne s'écaille pas, ni ne craquèle. C'est pour cela que l'on retrouve jusqu'à présent des tableaux de Renoir ou de Monet en parfait état de conservation. Sales, peut-être ; recouverts d'autres peintures pour mieux échapper aux brigands, parfois ; mais en bon état ! Et sous la crasse, il en faut peu pour révéler leurs vraies nuances. De plus, comme il était un tantinet désargenté, Renoir fabrique lui-même ses couleurs. Il est connu pour son rouge laqué fabriqué à partir de cochenilles. Comme tous les peintres, il dispose d'une palette bien spéciale, qui représentait son choix personnel de teintes. Au sommet de son art, à partir de 1890, quand il s'installe dans sa propriété d'Essoye, dite l'atelier Renoir, il n'utilise plus de noir. Et on peut dire que c'est en partie grâce aux conseils de son ami Diaz de la Peña : en voyant ses premières œuvres, il lui dit : “Mon ami, vous avez peut-être du talent mais vous peignez trop noir, il faut éclaircir votre palette !”. Et il l'a écouté : voici donc les couleurs qu'on retrouve le plus fréquemment dans ses tableaux les plus célèbres : blanc de céruse, jaune de Naples, jaune de chrome, bleu outremer, bleu de cobalt, rouge alizarine, vert émeraude, vermillon, ocre jaune, ocre rouge... Reconnaître précisément les pigments utilisés, c'est déjà faire un grand pas dans l'authentification d'une toile de maître.

∞∞∞

Je ne suis pas marchand d'art mais il est vrai que je suis avec intérêt les ventes aux enchères de Christie's ou encore Sotheby's, la célèbre maison genevoise de vente d'art et d'immobilier de luxe. Avec trois cent cinquante ventes aux enchères par an, elle voit passer des œuvres inestimables. D'ailleurs, c'est grâce à Sotheby's que les célèbres *Meules* de Monet ont atteint la somme de presque 111 millions de dollars. Même si une toile pareille, ça n'a pas de prix.

Chapitre 2

Le coup de chance ou l'art d'être au bon moment et au bon coin

Le 16 avril 2014 à 23h59. Tout est calme mais je n'arrive pas à trouver le sommeil. D'ailleurs, en général, je dors peu, j'ai toujours beaucoup d'idées qui me trottent dans la tête. Mon agence d'intérim ne m'a pas trouvé de contrat depuis déjà dix jours. Il va falloir essayer d'arrondir la fin du mois. Ce soir-là, ou plutôt cette nuit-là, je me connecte sur le Bon Coin pour pour rechercher des tableaux à acheter. Soudain, une annonce apparaît. J'agrandis l'image de l'œuvre : reflets de lune sur une rivière qui serpente entre des arbres. C'est le flash. C'est mon paysage, tel quel ! La scène de mon rêve telle que je l'ai vue, j'ai l'impression de la connaître par cœur. Je sais que c'est un chef-d'œuvre digne du Louvre ! Ne me demandez pas pourquoi, c'est l'intuition, ça ne s'explique pas. Passée la surprise, j'étudie le tableau et je pense tout de suite au peintre Claude Joseph Vernet - XVIIIème siècle - pour ses ambiances clair de lune et reflets dans l'eau. Le cliché est sombre, avec ce jeune lumineux en plein milieu, comme un oeil qui me fixe. J'appelle immédiatement l'annonceur - qui s'avère être une dame, Mme C.

— Allô ! Bonjour, je suis Monsieur Ziani. Je vous appelle pour l'annonce que vous venez de mettre en ligne.... Oui, un tableau impressionniste....Dites-moi, c'est un peu cher, 1000 €... Combien j'en donne ? ... Pfff ! Voyons 700 €... oui, cash mais vous enlevez l'annonce immédiatement... Oui, je vous fais un virement bancaire.

Et voilà en quelques minutes, la somme est virée et le tableau retiré de la vitrine du Bon Coin : un minimum de gens auront eu le temps de le voir exposé en ligne, entre minuit et une heure du matin ! Bien sûr, j'ai pris soin de demander une facture entre particuliers à Mme C. Ce n'était pas le moment d'aller acheter n'importe comment, même un tableau de maître ! Et puis, sans facture, elle peut dénoncer la vente en apprenant que la signature est célèbre ! Même aux Puces du Canal, ils vous font une facture si vous la réclamez.

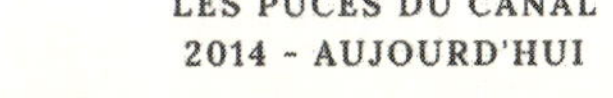

LES PUCES DU CANAL
2014 - AUJOURD'HUI

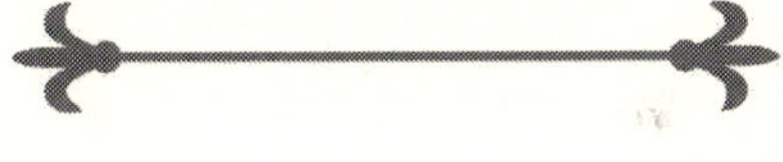

Même aux Puces du Canal, ils vous font une facture si vous la réclamez.

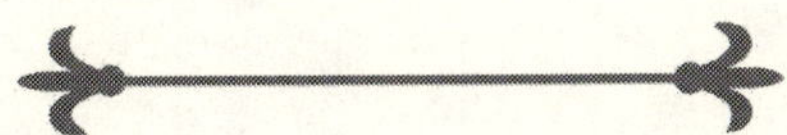

C'est là que j'ai fait mes armes en matière d'art et que j'ai rencontrés de vrais ami.e.s

Les Puces du Canal, l'incontournable à Lyon pour les antiquaires et les passionnés des objets qui racontent l'histoire. C'est sur cet immense marché du dimanche que j'ai fait mes armes en matière d'objet d'art. C'est un endroit très ouvert. Si par exemple, vous souhaitez déballer aux Puces un dimanche, il suffit de réserver votre emplacement sur internet et le tarif est très abordable : 35€ pour 20 mètres carrés et croyez-moi, il tient beaucoup de choses sur une telle surface ; vous pouvez même y mettre votre voiture. Par contrecoup, il y a tout ce que vous voulez : des timbres, des tableaux, des bronzes, de la faïence, de la porcelaine, des poupées, des montres... pour tous les goûts et pour toutes les bourses. N'empêche qu'on apprend beaucoup aussi en discutant avec les camelots. J'y vais le plus régulièrement possible, même parfois avec un stand, histoire de me rendre compte des réactions des gens. Les badauds sont nombreux et je n'hésite pas à engager la discussion. On parle de tout et de rien, on rêve de dégoter la pièce unique. J'y ai des amis de longue date aussi, qui m'encouragent à donner le meilleur de moi-même et qui ne vont pas me couper les ailes. On échange des infos, des astuces, on voit arriver les nouveaux... C'est comme ça que j'ai appris à mettre toutes les chances de mon côté en gardant tous les documents officiels, certificats et factures. Comme je suis d'un naturel fonceur, j'ai toujours tendance à être optimiste. Je ne veux pas laisser passer ma chance, même si elle est enfouie sous un monceau hétéroclite d'objets plus ou moins appréciables. En même temps, je ne suis pas avare de conseils : quand je détecte une opportunité intéressante, je tente d'en savoir plus et je suis toujours prêt à aider les autres à mettre en valeur leur marchandise. Cette atmosphère chaleureuse et familiale me plaît vraiment.

∞∞∞

Internet, c'est une autre ambiance. Pour mon achat éclair sur le Bon Coin, bien sûr qu'il y a un risque. Mais au final, 700 €, ce n'est pas le bout du monde et il faut savoir se fier à son intuition. La joie de cette bonne affaire me tient en éveil une bonne partie de la nuit, ce qui ne m'empêche pas d'être en pleine forme de bon matin.

Ça tombe bien car Mme C. me rappelle :
— J'ai bien emballé le tableau, mais c'est qu'ils ne me le prennent pas à la Poste. Trop grand et non standard. Alors, j'ai une autre solution : UPS mais l'envoi coûte 130 €. J'attends votre argent, j'inscris "Tableau" sur le bordereau et je vous l'expédie.
— Oh là, ma bonne dame, je vous adresse un mandat cash immédiatement pour le coût du transport mais j'insiste : n'inscrivez pas "Tableau" sur le bordereau. Mettez juste "Colis".

On ne sait jamais, une toile de maître qui se balade dans toute la France avec les services de livraison, ce n'est pas le moment d'attirer l'attention.

∞∞∞

Voilà comment mon fameux *colis* a traversé la France, depuis Willgottheim en Alsace jusqu'à Villeurbanne et est arrivé sans encombres. Heureusement, car, au lieu de dormir, je passe mon temps à le suivre sur l'application dédiée, de relais en relais en croisant les doigts pour qu'il passe inaperçu. Le livreur sonne à 9 heures, le matin du 22 avril. Impeccable. J'ai déballé le tableau, je l'ai installé sur un chevalet au salon pour mieux l'examiner. Sacrée pièce ! Un mètre vingt sur un mètre trente et bien vingt kilos avec le cadre. Peinture à l'huile - Classique. Sale, très sale - À prévoir. On ne sait pas par combien de mains et de greniers ou de caves elle a transité, y compris celles d'experts qui n'y ont vu que du feu.

Je n'ai aucun doute : c'est une toile de garde. Il ne me faut que la signature, maintenant. À l'époque, tous les tableaux sont signés quelque part, peut-être dans les nuages, ou dans les branches, voire dans les vagues. Obligé. Vernet, Renoir ? Armé d'une loupe, je cherche les lettres en bas à gauche, ou à droite ou en haut peut-être... Rien. Je me suis laissé emporter... Satanée sensation de déjà-vu... Et pourtant, ce clair de lune, c'est bien le pré-impressionnisme XIXème, aucun doute... et puis ce rouge... laqué ? Les reflets surtout dans l'eau et dans le ciel. J'ai beau scruter, je n'arrive pas à lire la signature du peintre. Décidément, je me suis peut-être emballé pour rien. Je me prépare un café. Il est presque midi et mon fils rentre de l'école pour manger à la maison. Il est au CM2. Je l'entends qui ouvre la porte :

— Alors, cette signature ? Trouvée ?

A peine arrivé, il sait ce qui me tracasse.

— Fais voir ta loupe !

Je lui passe et je retourne touiller mon café à la cuisine.

— Là, ce n'est pas écrit Vernet, c'est écrit "A. Renoir - 1864".

— Qu'est-ce que tu dis ?

Je pose ma tasse.

— "A. Renoir - 1864".

— Où tu as vu ça ? Tu l'as appris à l'école ?

J'arrive au salon.

— Ben non. C'est écrit là, dans les herbes.

Là, il me montre les lettres enchevêtrées dans le vert sombre de la végétation du bord de l'eau. Renoir, ça alors ! Je n'en reviens pas.

— Attends, tu sais ce qu'on va faire ? Un agrandissement chez le photographe.

Quand il repart à l'école, j'ôte le cadre doré. Cette partie en bois sculpté ne nous est d'aucune utilité même si personnellement, je trouve qu'elle met magnifiquement en valeur le clair de lune. J'emballe bien le châssis dans plusieurs couches de papier pour ne pas l'abîmer. En le tenant avec précaution pour ne pas le faire buter contre un mur ou un panneau, je décide de prendre les transports en commun. Laurent Bonnevay-Gratte-Ciel, c'est l'affaire de cinq minutes en métro et il n'y a pas le souci du parking. En plus, en dehors des heures de pointe, il y a largement la place sur les sièges disposés en carré. J'arrive à bon port avec mon grand paquet : Camera Villeurbanne est la boutique je cherche. Je pousse la porte avec soin, mon tableau en avant.

Très professionnel, le patron est un grand brun aux yeux bleus joyeux, plutôt sportif. Il me présente un chevalet pour poser mon paquet, pendant que je lui explique mon projet d'agrandissement photographique de la petite partie qui révèle les lettres de la signature originale de ce grand maître qu'est Pierre Auguste Renoir. Tout en parlant, je déballe juste ce qu'il faut pour bien voir le bas de la toile. Il se penche d'un air intéressé et appelle ses assistantes. Ce n'est pas tous les jours qu'il a une telle commande. D'habitude, à la boutique, il a surtout des photos d'identité. Il installe la toile sous les projecteurs et les parapluies pour que la lumière soit au maximum.

— Tu vas voir le résultat. La lumière, ça change tout.

Bingo ! On déchiffre bien la signature et la date aussi. Or, une date, ça ne s'invente pas.

LA SIGNATURE TROUVÉE
16 MAI 2014

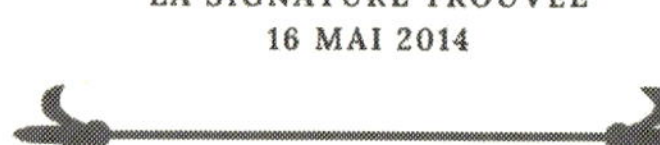

Là, il me montre les lettres enchevêtrées dans le vert sombre de la végétation du bord de l'eau. Renoir, ça alors ! Je n'en reviens pas.

Un tableau du XIXème signé, c'est un authentique trésor.

Chapitre 3

Pistes internet ou comment naviguer droit au but

Depuis l'épisode de la signature retrouvée et photographiée, je suis sûr et certain que je détiens un chef-d'œuvre. Or, comme on le sait, tous les chefs-d'œuvre sont répertoriés. Je n'ai plus qu'à trouver où. Dans tous les sites proposés par Google, il y en a bien un qui va me renseigner sur cette toile qui vient d'Alsace, avec les guerres de 1870, de 1914, de 1939 et tous les désordres du siècle dernier...

Première découverte sur Wikipédia : en 1864, Renoir a bien réalisé plusieurs toiles : *Romaine Lacaux*, une huile sur toile 81,3 × 65 cm exposée aux Etats-Unis, dans l'Ohio, au Musée d'Art de Cleveland, ainsi que le *Portrait de William Sisley*, de même format, qu'on peut voir actuellement au Musée d'Orsay à Paris. Parfait. Quoi encore ?

Auguste Renoir est né le 25 février 1841 à Limoges, le pays de la porcelaine, et mort le 3 décembre 1919, juste après la guerre donc, à Cagnes-sur-mer. Ça fait quasi cent ans. Bon, peintre impressionniste, tout le monde le sait quand même, influencé par Gustave Courbet, Camille Pissaro, Edouard Manet, Eugène Delacroix - tous les peintres que je préfère ! A influencé à son tour : Paul Cézanne, Pablo Picasso, Henri Matisse... Quel artiste !

Charles Gleyre est son mentor, un immense talent lui aussi - quoique moins connu, ce qui est bien dommage, et il a fréquenté l'école nationale des Beaux-Arts, avec ses amis Alfred Sisley, Claude Monet, Amedeo Modigliani, Frédéric Bazille, Camille

Pissaro, Suzanne Valadon et Gustave Caillebotte. Une belle brochette d'artistes aux temps de la révolution et de l'installation de la troisième république. Bon, certes, l'histoire de France est passionnante mais comment se fait-il que mon tableau n'apparaisse nulle part ?

S'il existe un endroit à connaître lorsqu'on veut recueillir des informations sur le patrimoine français, ce sont les Archives Nationales de Paris. Chaque fois que j'enquête sur un objet d'art, je sais que je peux trouver des documents essentiels grâce au fonds des Archives. Ce service, créé en 2007, est une chance pour les amateurs d'art. En effet, il a pour mission de collecter, de valoriser et de communiquer toute l'histoire des archives publiques des administrations, des notaires et des fonds privés d'intérêt national. Les données concernant le XIXème siècle sont très nombreuses et détaillées et pour peu qu'on procède méthodiquement, on a toute l'information à portée de main. C'est toujours là que j'appelle en premier pour demander des références, par exemple un catalogue d'exposition, ou alors le carton correspondant aux expositions de telle ou telle année. Pour le coup, c'est l'année 1865 qui m'intéresse. Les documentalistes me promettent la mise à disposition du carton pour le 29 avril. Je prend un aller-retour pour Paris.

∞∞∞

Quand je me présente dans le bâtiment moderne tout neuf de Pierrefitte-sur-Seine, j'ai déjà ma carte d'adhérent, je suis venu plusieurs fois pour d'autres affaires. La salle de lecture, très fonctionnelle, est plutôt agréable. Les archivistes ont vraiment à cœur de m'aider dans mes recherches, surtout après avoir entendu mon histoire. Je m'installe à une table libre avec le carton du Salon de 1865, qui m'a été réservé. Je commence à éplucher les livrets et mémoires des expositions de l'année, mon portable à portée de main, prêt à photographier la moindre indication concernant un tableau de Renoir représentant un paysage avec une rivière dans un bois. Hélas, il manque le Registre de l'exposition des Beaux-Arts de 1865, document essentiel à disposition du jury du Salon des peintres, qui comporte la description précise des œuvres exposées, leurs dimensions, leur emplacement, leur auteur. Je me sens soudain assez découragé. J'ai tout de même l'espoir de dénicher une autre preuve, un autre catalogue qui serait rangé ailleurs. Je retourne au guichet d'accueil :

— C'est dommage, il manque le Registre de l'exposition de 1865.

— C'est possible, Monsieur. Vous savez, c'est une chance que certaines archives aient réchappé des incendies de 1870. Cette année révolutionnaire a transformé Paris en un immense brasier. Les Communards préféraient brûler Paris plutôt que de le rendre aux Versaillais. Ces actes de vandalisme ont malheureusement détruit bon nombre de documents et occasionné le plus grand massacre de France, en mai 1870. Une Semaine sanglante qui a mis fin à la Commune de Paris. Si ce Registre manque dans le carton, c'est qu'il a été détruit.

C'est bien ma veine. Pour mon tableau, je vais retourner bredouille. Juste une dernière question :

— Il n'existe donc aucune autre chance de me renseigner sur les œuvres présentes lors de ce fameux salon des Beaux-Arts de 1865 ?

— Vous pourriez peut-être consulter le portail Gallica. Les archives numérisées peuvent contenir des indications, même si elles sont moins détaillées que le catalogue, bien entendu. Il pourrait y avoir une explication des œuvres, une liste quelconque ou une description des œuvres présentées par un auteur contemporain. Courage et bonne chance !

Gallica ?

C'est une bonne piste. Le portail internet de la Bibliothèque Nationale me donne la solution, avec le livret de l'exposition de 1865. C'est évident. Ce tableau est peint en 1864 d'après la signature, en toute logique, il l'a proposé en 1865. Je parcours le livret d'*Explication des ouvrages de peinture et dessins, sculpture, architecture et gravure des artistes vivans*, rédigé par le Salon des artistes français de 1865, sous l'égide de l'Intendance des Beaux-Arts, un service lié au Ministère de l'Empereur et des Beaux-Arts. C'est à la page 136 que le nom de Renoir est cité :

RENOIR (PIERRE-AUGUSTE), né à Limoges, élève de M. Gleyre
Avenue d'Eylau, 43
1802 - Portrait de M. W. S...
1803 - Soirée d'été.

1802 - Portrait de William Sisley. 1803 - Soirée d'été. Soirée d'été ?

C'est la première fois que je vois ce titre. Je jette un oeil au tableau : ça pourrait bien coller. Les ramures sont bien feuillues et forment une haie d'honneur au clair de lune qui tombe sur la rivière. Il doit faire bon car des personnages se promènent au bord de l'eau ou plus exactement, sont à une partie de pêche, comme dans les scènes des ports de Vernet au siècle d'avant. L'ensemble est trop sombre pour ce que l'on connaît de Renoir aujourd'hui avec ses scènes remplies de lumière, mais dans ses premières années, il pouvait choisir sans doute des nuances plus contrastées. Et puis, il faut passer outre la crasse, impossible à nettoyer pour le moment. Cela me donne l'idée de prendre une photo au flash, comme je l'ai vu faire au photographe. Voilà qui change tout ! Les détails apparaissent, car il ne faut pas oublier que Renoir était très appliqué, très soigné. Et le rouge aussi, ce rouge cochenille qui donne une ambiance chaleureuse à la scène. Magnifique ! Quelle chance de vivre à cette époque ! Récapitulons : le jeune Auguste Renoir, qui avait tout juste 23 ans, présente donc ses tableaux au comité de sélection de l'exposition des peintres et il est sûr d'être accepté par le Salon des Beaux-Arts de Paris puisque certains de ses amis font partie du jury : Courbet, Chavanel, Diaz de la Peña, etc.. Il ne va pas s'en priver, tout de même ! Mais en même temps, ses débuts ne sont pas si faciles que ça. Il est sélectionné pour la première fois en 1864 avec *La Esmeralda,* un tableau qui lui a valu de telles critiques qu'il l'a brûlé à la sortie de l'exposition. Il a été souvent refusé aussi. La vie d'artiste n'est pas toujours facile.

Il y a des jours où on a du bol et d'autres moins. Ce matin, justement, je ne sais pas trop comment goupiller mon affaire. Dans ces cas-là, je vais prendre un café pour me changer les idées. Justement, le maire de Villeurbanne a eu la même idée que moi – enfin, il marche sur le trottoir d'en face, en tous cas. Je vais à sa rencontre, en plein milieu de la rue Lafontaine :
— Monsieur le Maire, je peux vous poser une question ?
Il me regarde d'un air surpris et serre machinalement la main que je lui tends.
— J'ai retrouvé le tableau du grand peintre Pierre-Auguste Renoir, Soirée d'été, et je voudrais faire reconnaître la signature car c'est un chef-d'œuvre du patrimoine français. Je m'appelle Monsieur Ziani. Pourriez-vous me donner un coup de main ?
— Ecoutez, Monsieur Ziani, vous n'avez qu'à vous adresser au Musée d'Orsay. C'est là que vous trouverez les tableaux de Renoir, entre autres.
Dommage, j'espérais que la municipalité s'intéresserait davantage.
De retour à la maison, je saisis : "Musée d'Orsay - Renoir" dans la recherche Google. Le *Portrait de Sisley* est bien au Musée, en salle du Jeu de Paume, sous la direction de Stéphane G., conservateur des œuvres de Renoir. Je décide alors d'obtenir des informations plus fiables. C'est facile. J'appelle le Musée et je le demande.
— Bonjour Monsieur G. Je voudrais des renseignements concernant les tableaux de Renoir qui sont exp…
— Ecoutez, je n'ai pas bien le temps, vous pouvez trouver des renseignements sur le site musee-orsay.fr ou acheter un billet pour venir sur place en visite

— Il ya un problème.
— Ah pourquoi ?
— Au salon des Beaux-Arts de 1865, il y avait le *Portrait de Sisley...*
— Oui, c'est juste...
— ... et un autre : *Soirée d'été*. Mais cette *Soirée d'été*, où est-elle passée ?

Monsieur G. ne répond pas tout de suite. Je répète :
— Vous savez, Renoir, en 1865, il a présenté deux tableaux, le *Portrait de Sisley* et l'autre. mais l'autre, où est-il ?

Là, il doit bien avouer qu'il n'en sait rien. Alors, je lui raconte mon histoire d'acquisition sur le Bon Coin.
— Envoyez-moi les photos, je vais voir..

Aussitôt dit, aussitôt fait. Je sens que je progresse dans la bonne direction.

∞∞∞

Il faut passer à l'étape suivante : la question du propriétaire.

En France, le marché de l'art est régi par la loi mais pas vraiment réglementé. Les œuvres d'art sont considérées comme des "meubles non meublants" et "objets de collection". Il est donc important de savoir leur provenance, c'est-à-dire de détenir la facture du bien qui ne doit être ni volé, ni spolié. C'est là que j'ai intérêt à me renseigner rapidement car en cas de spoliation, le bien serait confisqué puis restitué, si possible, à son propriétaire légitime. C'est dangereux d'avoir chez soi une œuvre qui appartient à quelqu'un d'autre. De toute façon, je ne peux rien faire pour changer la situation mais j'aime mieux découvrir par moi-même si jamais le tableau a été déclaré volé à un moment donné. Je ne m'inquiète pas trop à ce moment-là, car il n'est apparu que dans le catalogue de l'exposition de 1865. Si ça se trouve, ensuite, tout le monde l'a perdu de vue, y compris les historiens, ce qui est étonnant mais pas complètement impossible. Il faut quand même savoir que Renoir a peint plus de six mille tableaux pendant toute sa vie, que plus de quatre mille sont répertoriés mais que le reste manque à l'appel. Voilà qui renforce ma détermination. Cela dit, ce n'est pas le moment non plus de me retrouver cambriolé et de perdre l'œuvre à peine retrouvée. Je vais aller au commissariat.

∞∞∞

— Bonjour Monsieur, c'est pour une déposition.
— Veuillez me donner vos papiers d'identité et m'indiquer le sujet de votre plainte.
— Non, non, je ne suis pas une victime. C'est juste que je viens d'acheter un tableau...
— Dans ce cas, Monsieur, la facture d'achat suffira à prouver l'acquisition. Avez-vous des présomptions ? Craignez-vous une malveillance de la part d'un proche ou d'un voisin ?
Je me mets à raconter en détails mes trouvailles. Le nom de Renoir fait autorité tout de même et l'agent des forces de l'ordre accepte de recueillir ma déposition. C'est comme qui dirait une main-courante un peu inhabituelle mais compte-tenu de la situation, je préfère protéger mes arrières. Il reste assez perplexe cependant et préfère en référer à son chef. Je n'y vois aucun inconvénient. Le Procureur de la République se montre plutôt compréhensif. Est-il lui-même amateur d'art ? Je ne sais pas mais il m'autorise à déposer. Voilà une bonne chose de faite. Je peux continuer mes investigations tranquille.

∞∞∞

Dans le champ de recherches internet, j'entre “spoliation” et “vol d'œuvres d'art” et je tombe sur l'Office Central de lutte contre le trafic de Biens Culturels - l'OCBC. Là, ce n'est plus de la rigolade : une trentaine de policiers se chargent de la prévention et de la répression du vol, du recel et aussi de la contrefaçon des œuvres d'art. J'appelle derechef et à la demande du fonctionnaire, j'envoie la photo de mon tableau par email. Dans deux ou trois semaines, je devrais recevoir une réponse précise et savoir s'il me faudra restituer ce tableau à un précédent propriétaire lésé. C'est la loi. Incontournable à ce niveau.

En même temps, je m'inquiète de savoir par quel moyen Mme C. a acquis ce tableau. Je la rappelle dans la foulée et obtient immédiatement l'information : chez un antiquaire de sa ville. D'ailleurs, elle m'envoie la facture qu'elle avait conservée. Quand je la reçois, quelques jours plus tard, je relève le numéro de l'antiquaire :

— Allô bonjour. Je suis Monsieur Ziani. Je voudrais avoir un renseignement au sujet d'un tableau que vous avez vendu à une cliente, Mme C.

— Et pourquoi ? Vous avez trouvé un *Renoir* ?

Avouez que la question est troublante, surtout que je ne lui avais encore donné aucun détail ! Je lui raconte grosso modo mon achat sans lui révéler mes présomptions évidemment, ni lui parler de Vernet, ni de Renoir, et il me déclare qu'il a lui-même acquis ce tableau avec un lot d'une vingtaine de toiles lors d'une vente aux enchères. Pour la valeur, il n'en sait rien, surtout qu'il n'a aucun certificat. Et puis, il a pris sa retraite, il ne s'occupe plus de vendre d'œuvres d'aucune sorte.

Bon, il m'a déjà donné beaucoup d'indications. Je le remercie et lui souhaite un bon week-end. Une telle réapparition est assez classique pour une œuvre pré-impressionniste. La période de la seconde guerre mondiale est venue bouleverser le patrimoine. Le Louvre et les musées parisiens, notamment, ont été dépouillés de plus de cent mille œuvres, emportées en Allemagne par les nazis. Si la France a pu récupérer son patrimoine à la fin du conflit, c'est grâce au courage de Rose Valland, dite l'espionne aux tableaux. Assistante au Musée du Jeu de Paume, elle a noté minutieusement et au péril de sa vie les sorties des œuvres et elle a consacré ensuite sa vie à les retrouver en sillonnant l'Europe. Pour mon tableau, espérons qu'il n'y ait pas anguille sous roche. Ce n'est pas ça qui va me freiner de toutes façons. Grâce à internet, mes recherches vont à toute vitesse. Sans Google, j'aurais eu besoin de plusieurs années pour réunir les informations que j'ai obtenues en moins d'un mois.

J'aurais peut-être eu besoin de toute une vie.

Deuxième partie : octobre 2014 à mars 2015

Chapitre 4

Les experts ou la chasse aux certificats

En quelques jours, les informations essentielles sont réunies. Mon tableau est bien daté, et quand je montre l'agrandissement des herbes au bord de l'eau à mes voisins de palier, ils déchiffrent tous la même signature : A. RENOIR 1864. Je détiens la facture d'achat à l'antiquaire par Mme C. Et surtout, j'ai enregistré en capture d'écran la page 236 de l'*Explication* des œuvres présentées au Salon des Beaux Arts de Paris en 1865, qui indique la présence d'un tableau de Renoir, *Soirée d'été,* dont on n'a aucune photo, semble-t-il. Et pour cause : il a été égaré et il a fini par atterrir dans mon salon.

Autre sujet de satisfaction, je reçois par email la réponse de l'OCBC, qui confirme que le tableau n'a été déclaré ni volé, ni spolié. Un dossier est ouvert sous la référence 2014/11393. Ouf ! On va pouvoir passer aux choses sérieuses : l'authentification.

Dans ma vie, j'ai souvent acheté des objets et des peintures remarquables, qui me plaisaient, certes, mais surtout qui avaient une certaine valeur artistique. Je me souviens d'un Polichinelle en bronze d'une quarantaine de centimètres de haut. Sa posture insolente m'avait attiré au premier regard. C'était aux Puces du Canal, en 2012. Trois ans de recherches, pour finalement le revendre à un Allemand, de déception. Les documents que j'avais réunis ne suffisaient pas à prouver ma découverte qui, de surcroît, modifiait l'interprétation d'une toile célèbre : *Le Balcon* d'Edouard Manet. Là, les historiens de l'art se trompent sur l'identification d'une théière et je vais vous dire pourquoi.

En découvrant la signature de Pierre Granet, qui distingue ce bronze de copies postérieures réalisées par la Fonderie Susse, fonderie d'art française située à Malakoff en région parisienne, j'ai immédiatement épluché les catalogues des expositions des Beaux-Arts de l'époque. J'ai découvert la sculpture dans le carton de l'année 1883 sous la référence 1880 si mes souvenirs sont bons. C'est alors que j'ai eu l'idée de réclamer l'acte de décès du Colonel d'artillerie Edmond Fournier, l'oncle maternel de Manet, grand amateur d'art et propriétaire à l'époque de la Maison sis au 17, rue de Grenelle à Paris, là où Edouard Manet a fait poser Berthe Morisot. Je contacte par téléphone les Archives Nationales de Paris, pour commander l'inventaire de succession notariale de la maison de la rue de Grenelle. Je trouve que le Colonel est mort le 9 février 1865. Avec l'acte de décès, je peux passer à la suite : l'acte notarié d'inventaire de ses biens. En suivant la liste des pièces passées au crible, où le notaire a recensé chaque objet de valeur, j'imagine parfaitement la maison : la cuisine, les chambres, le salon. Je m'arrête sur une "pendule en bronze avec un sujet de Granet". Je tiens mon Polichinelle ! Il reste maintenant à découvrir le successeur de ce patrimoine éminemment artistique. J'ai l'idée de contacter la Sorbonne, plus précisément, le département d'archéologie et d'histoire de l'art. Les professeurs de l'université seront sûrement intéressés par une nouvelle interprétation de l'arrière-plan du chef-d'œuvre de Manet, que je leur apporte sur un plateau, c'est le cas de le dire. Mon contact est madame Claire M.L., enseignante-chercheuse. Je l'appelle et lui raconte mon histoire qui, comme prévu, l'intéresse beaucoup. Elle trouve moyen d'obtenir un rendez-vous avec Monsieur V.R. qui accepte de nous montrer les lieux où a été peint *Le Balcon* final. C'est avec beaucoup d'émotion que j'expose le résultat de mes recherches. Ils sont convaincus : la scène représentée laisse entrevoir l'intérieur, en réalité une chambre, où l'on accède par la cuisine. Derrière Berthe Morisot, assise et accoudée à la balustrade avec son éventail replié, on aperçoit un jeune garçon, Léon Koëlla-Leenhoff, qui est le fils biologique ou adoptif du peintre. Or, on lui fait porter une théière sur un plateau. C'est insolite, voire impossible ! N'y a-t-il pas de domestiques ? D'ailleurs, à l' époque, on ne chargeait pas les enfants du service - surtout un fils de la maison. J'affirme, au terme de mes recherches, que les formes que l'on aperçoit sont celle du Polichinelle de Pierre Granet, posé sur une petite desserte, pour le mettre en valeur justement. On le voit de dos, avec son bonnet pointu, le ventre en avant, le bras replié sur la hanche et la tête rejetée en arrière, dans cette posture fière et théâtrale. Sur l'original d'ailleurs, la tête est amovible. Hélas, je n'ai pas réussi à aller plus loin. De dépit, j'ai jeté tous mes documents de recherche. Tant pis pour l'histoire de l'art, qui n'a pas su revoir ses habitudes.

Pour ma *Soirée d'été*, je vais donc commencer par contacter un cabinet d'expertise privée. En effet, en l'absence de réglementation précise sur l'authentification des peintures, on s'en remet généralement aux sociétés d'experts, moyennant finances évidemment. Et me voilà à naviguer sur internet en essayant d'évaluer le sérieux des sites qui proposent leur expertise. En l'occurrence, j'ai plutôt du nez. Je sens bien si une entreprise est fiable ou sérieuse. Je retiens la CIRAM, un laboratoire dont le site est simple et clair, un peu médical, même. On peut constater sur la page contact qu'il y a des bureaux en Amérique et en Asie, et surtout on voit la photographie des deux experts, le docteur Bobin et le docteur Chéret, ainsi que celle des techniciens archéologues ou spécialistes d'autres disciplines. Les coordonnées de chaque personne apparaissent clairement in extenso. Il ne m'en faut pas davantage pour appeler et convenir d'un rendez-vous. Le docteur Bobin en personne me répond :

— Nous pouvons vous rapprocher de Renoir grâce à un rapport scientifique basé sur des analyses d'une grande précisions. Nos spécialistes récoltent les données et peuvent les comparer à d'autres observations déjà réalisées, si bien que je peux vous assurer de notre excellent taux de fiabilité. Sachez cependant que notre rapport scientifique ne représente pas un certificat d'authenticité mais il vous aidera à documenter sérieusement votre requête.

Le seul problème, c'est que cette analyse, quel qu'en soit le résultat, coûte entre 8000€ et 9000 €. Et je n'ai pas cet argent. Et je ne sais pas comment m'y prendre.

∞∞∞

La solution apparaît spontanément, un jour que je raconte mon histoire à des amis qui partagent ma passion des objets d'art, et plus particulièrement à Monsieur C., un professeur en retraite passionné d'art déco. Nous avons eu par le passé de bons échanges et il apprécie mes recherches :

— Très bien, Monsieur Ziani. Je vous avance la somme exigée pour l'analyse scientifique et en retour, je reçois un pourcentage sur la vente future de ce tableau. Un pour cent.

— Tout de même, ça risque de prendre du temps.

— Ne vous inquiétez pas, ça prendra le temps qu'il faudra.

Nous avons conclu l'affaire devant un notaire, en bonne et due forme.

∞∞∞

C'est là que je me suis retrouvé à l'aéroport de Lyon Saint-Exupéry, à discuter âprement avec l'hôtesse chargée de l'embarquement :

— Monsieur, puisque je vous dis que votre paquet est trop volumineux. Vous ne pouvez pas le prendre en cabine, vous devez le laisser dans la soute avec les bagages.

— Mais Madame, vous ne comprenez pas, c'est un *Renoir* ! Un *Renoir* authentique que je m'en vais faire expertiser à Bordeaux auprès d'un laboratoire spécialisé. Attendez, je vais vous montrer

ma convocation, c'est pour tout à l'heure.
Elle ne se donne pas la peine de lire. Je commence à m'échauffer un peu. Il est hors de question que j'abandonne. J'ai payé mon billet aller-retour dans la journée, je ne vais pas le perdre quand même !
Nous allons au blocage quand heureusement, le commandant de bord lui-même, contacté en urgence par téléphone, s'approche du guichet d'embarquement :
— Allons bon. Venez, Monsieur, je vous propose de me confier le tableau et je le garde près de la cabine de pilotage, vous le reprendrez une fois à destination. Rejoignez-moi au pied de l'avion après l'enregistrement.
Il pousse devant moi un chariot spécial. Je dépose mon Renoir. Je m'enregistre et j'embarque en surveillant le chariot à roulettes. Tout se passe bien.

Au laboratoire aussi, tout se passe comme sur des roulettes. J'assiste aux prélèvements et je suis époustouflé par la sophistication des machines. Ont été prélevés six points de peinture, un morceau de toile et un bout de bois du châssis.
— Rassurez-vous, me dit le Docteur Bobin, nos collaborateurs sont des experts et nous avons déjà eu l'occasion d'examiner de nombreux tableaux attribués à Renoir. Nous pouvons donc nous appuyer sur des connaissances exactes. Le temps requis par chaque analyse est variable : nous vous appellerons au fur et à mesure de nos avancées, jour par jour, pour vous donner les résultats.
En une quinzaine de jours, tous les résultats sont transmis :
Voici le résumé des analyses :

1. *L'œuvre présente un bon état de conservation. Les imageries infrarouge et ultraviolette ne mettent pas en évidence de zone de restauration. Le dessin préparatoire est visible. Cela indique qu'il n'y a probablement pas eu de modification de la composition initiale.*
2. *La datation radiocarbone de la toile a été effectuée par AMS et*

montre l'ancienneté du prélèvement. (170+/- 25 BP). Ce résultat est compatible avec l'ancienneté présumée du tableau.

3. *La préparation du support est composée d'une couche d'imprégnation à bas de blanc de zinc et de dolomite et d'une fine couche de préparation à base de blanc de plomb.*
4. *Les pigments mis en évidence dans les différentes couches picturales sont le jaune de chrome, le vermillon, le noir d'os ou d'ivoire, le bleu de Prusse et des substrats de pigment laqué. Ces composés étaient connus et fabriqués à la fin du 19ème siècle. Par ailleurs, ils ont été détectés sur des tableaux attestés de Renoir (Par exemple, "La Seine à Asnière", dit "La Yole" de 1879, "Les Parapluies" entre 1881-1886 et "Une femme à sa toilette" de 1919).*

La conclusion tombe : "Attribué à Renoir".

LABORATOIRES CIRAM
EXPERTS EN ART PICTURAL

Le seul problème, c'est que cette analyse, quel qu'en soit le résultat, coûte entre 8000 € et 9000 €. Et je n'ai pas cet argent.

En une quinzaine de jours, la conclusion tombe : "Attribué à Renoir".

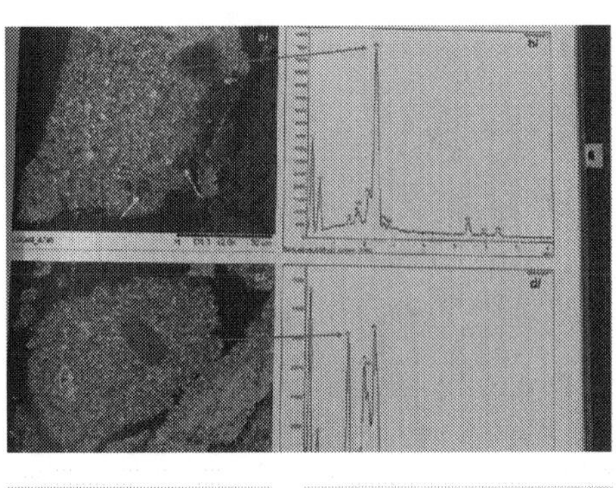

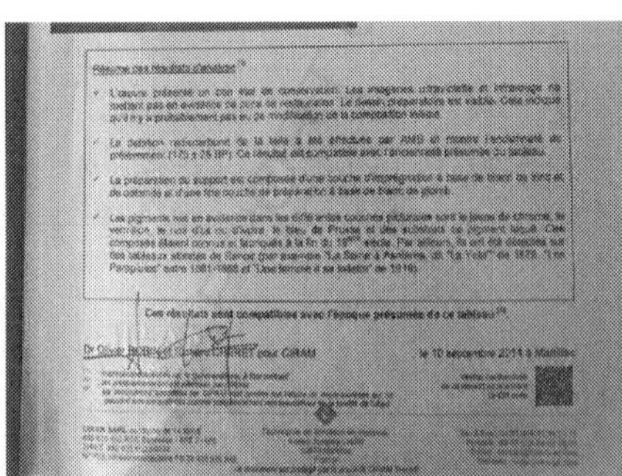

Imagerie

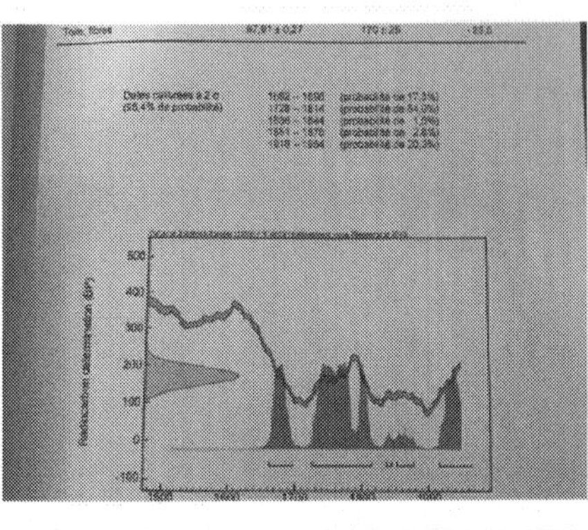

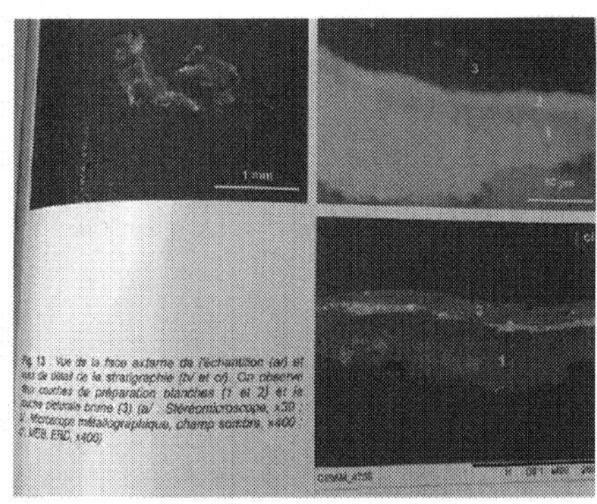
1 mm

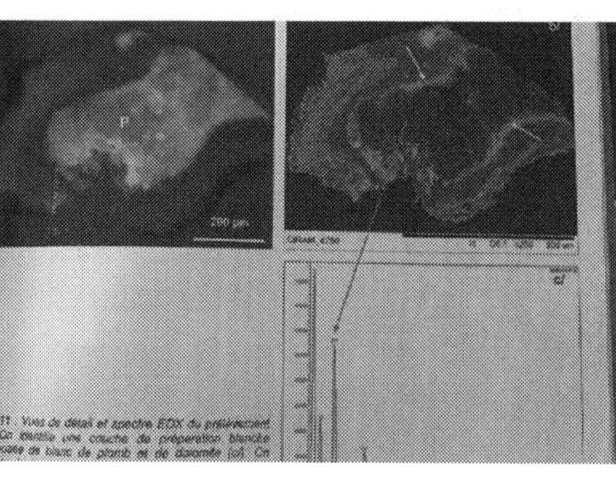
P
200 µm

Les résultats

Chapitre 5

De l'art ou du coton, et pourquoi l'argent ne fait pas le bonheur

En quelques mois, j'ai gravi les échelons. En effet, lorsque vous fréquentez les marchands d'art, vous apprenez à décrypter le vocabulaire.Tenez si vous cherchez dans le catalogue en ligne de la gazette Drouot, vous trouverez des centaines de lots où apparaît le nom de Renoir : des lithographies surtout mais aussi des peintures à l'huile "d'après" Renoir. Un mot change tout puisqu'il distingue la reproduction de l'original, surtout dans les indications qui encadrent le titre et l'auteur. Si on vous montre un tableau "à la manière" d'Untel, vous savez qu'il n'y a qu'un lointain cousinage, une parenté floue. En revanche, lorsqu'on a une certitude, on n'utilise juste la préposition "de". Moi, ce que je voudrais, c'est parvenir un jour à la conclusion ferme et définitive que j'ai bien acheté *Soirée d'été* "de" Renoir. En tous cas, la toile acquise sur le Bon Coin "dans le genre" des pré-impressionnistes est passée à "attribuée à Renoir". Pourtant, cette expertise privée ne suffit pas à l'authentification. Il faut constituer un dossier complet et pour l'instant, le mien est plutôt faible avec seulement trois pièces : la copie de l'*Explication des artistes vivans du Salon des Beaux-Arts de Paris-1865* où *Soirée d'été* est répertorié sous le numéro 1803 ; l'attestation de non-signalement sous le dossier 2014 - 11393 de l'OCBC ; le rapport scientifique de la CIRAM.

Faible mais véridique.

∞∞∞

Sur le marché de l'art, on rencontre divers métiers, dont celui des marchands d'art que je viens d'évoquer. Pour ce qui touche à la peinture impressionniste, une famille domine historiquement le marché depuis plusieurs générations : les Wildenstein. C'est d'abord le patriarche Nathan, qui a fondé la maison en 1890 pour mettre en valeur la peinture française du XIXème siècle. Il réussit si bien qu'il ouvre une galerie à New-York en 1905 et une autre à Londres en 1925. La dynastie Wildenstein est née. Le grand-père Georges, le père Daniel et ses fils Alec et Guy vont lui succéder en continuant la bibliothèque des catalogues raisonnés des expositions, en créant le centre de recherche et la fondation qui porte aujourd'hui le nom de Wildenstein Institute et qui a une renommée internationale.

Rien que la présentation de l'Institut m'impressionne. Je me doute bien que nous ne sommes pas du même monde. C'est un peu trop prestigieux pour une première approche. Je cherche alors un expert de moindre envergure et je trouve les éditeurs Bernheim Jeunes, experts spécialistes de Renoir eux aussi. L'entrée en matière sera sans doute plus facile. Je réunis les quelques pièces et clichés de mon dossier que je leur adresse en envoi postal, recommandé avec accusé de réception.

La réponse ne tarde pas : Avis défavorable. Expertise inutile.

Je rappelle immédiatement :

— Monsieur, c'est au sujet de l'expertise de mon tableau. Vous avez répondu sans même le voir...

— En effet, il n'y a aucun doute. Nous n'avons pas besoin de l'examiner.

— Sur quelle preuve vous appuyez-vous ? Une photographie d'époque que personne ne connaîtrait ? Une description dans un catalogue ou un registre ?

— Si vous souhaitez comparer votre toile aux clichés de l'époque, vous pouvez vous adresser à l'Institut Wildenstein. Ils détiennent tous les originaux."

La visite à l'Institut Wildenstein est incontournable : c'est bien ce que je craignais. J'aurais peut-être dû commencer par là. La sécheresse du ton de mon interlocuteur m'a scié et pourtant, il en faut beaucoup pour me couper dans mon élan.

Qu'importe ! En tant qu'heureux -et légal, propriétaire de *Soirée d'été*, je ne risque pas de le voir confisqué pour restitution et je peux tenter un rendez-vous avec un responsable de la Fondation, ne serait-ce que pour demander l'examen de l'œuvre. Faire entrer *Soirée d'été* au catalogue raisonné des œuvres de Renoir, c'est en quelque sorte assurer sa reconnaissance et la possibilité de le vendre par la suite à sa vraie valeur. J'en suis déjà fébrile. Je n'ose pas imaginer le prix d'un tel tableau retrouvé ! Enfin, sans trop m'avancer, plusieurs centaines de millions tout de même !
Le rendez-vous est programmé à Paris VIII à la fondation, au 57, rue de la Boétie, le 15 septembre 2014.
C'est un lundi.

∞∞∞

Malgré tout, je ne peux pas dire que je me rends très confiant à ce rendez-vous. Il y a des sommes importantes en jeu et quelque chose me dit que l'authentification sera coton. Pourtant, il me faut en passer par là. Les éditions d'art de l'Institut, en anglais Wildenstein Publications Institute - WPI enregistrent scrupuleusement les œuvres de Renoir et d'autres grands peintres dans des catalogues raisonnés car la famille Wildenstein détient tous les catalogues des salons des Beaux-Arts du XIXème siècle et par conséquent, a autorité sur Manet, Sisley, Monet, Bazille, Diaz de la Peña, c'est-à-dire qu'elle assure l'authentification par comparaison avec les documents d'époque. La lecture du site indique que les recherches continuent actuellement et qu'il faut se tenir au courant fréquemment à cause des nouveautés. L'institut WPI continue à compiler les données pour les projets de catalogues concernant les artistes suivants : *Claude Monet, Edouard Manet, Albert Marquet, Camille Pissarro, Odilon Redon, Pierre-Auguste Renoir, and Kees Van Dongen*. Donc, puisqu'à l'époque, tous les tableaux de Renoir ont été systématiquement photographiés, je suis sûr et certain que dans un des ouvrages reliés plein cuir se trouve la reproduction de ma toile. Mais comment le prouver puisque les livres des expositions des salons ne sont pas accessibles au public ?

∞∞∞

Après mes deux heures de TGV, j'arrive à l'accueil et je suis introduit dans une immense salle aux murs recouverts de tableaux de maître de tous les siècles. Cet ancien château particulier à l'architecture remarquable est très impressionnant. Je suis abasourdi par les paysages, les portraits, qui me rappellent Vernet ou Rembrandt, et d'autres maîtres encore. Je m'accroche à mon tableau que je transporte toujours avec de grandes précautions, emballé dans sa double enveloppe kraft et bulles.

Un jeune homme d'une trentaine d'année m'accueille, me demande de déposer l'œuvre sur l'immense table en chêne, récupère les documents officiels et me demande de revenir vers 18 heures. Même si je sais que mes quelques preuves ne pèsent pas lourd, je compte sur la comparaison avec les catalogues originaux. Il n'y a pas à s'en faire. En fin de journée, je serai fixé. La vérité est de mon côté.

∞∞∞

Alors, j'en profite pour visiter le Louvre. Au premier étage de l'aile Denon, je m'arrête plus particulièrement sur la *Prise de Constantinople par les croisés*, dite aussi *Entrée des croisés à Constantinople*. Cette huile sur toile d'Eugène Delacroix est un grand format : plus de 20 mètres carrés ! Elle a été présentée au Salon de

1841 et fait partie des toiles orientalistes que je préfère. Elle raconte la mise à sac de Constantinople le 12 avril 1204 lors de la quatrième croisade. C'est une commande du Roi Louis-Philippe qui est au Louvre depuis 1885. Le mouvement et les couleurs vives du premier plan où les vaincus sont agenouillés devant les cavaliers contrastent avec l'horizon bleuté de monts et de nuages. L'arrière-plan raconte aussi une histoire, avec les remparts qui semblent partager la mer en deux, dans le détroit d'une ville appelée jadis Byzance et aujourd'hui, Istanbul. Sur la gauche, une colonnade abrite d'ultimes combats. Quel dynamisme et quelle énergie ! Je me sens comme transporté dans cette période du Moyen-Âge... Entouré des plus grands maîtres, imaginant déjà la place que pourrait occuper ma *Soirée d'été*, je laisse filer le temps jusqu'au soir. En revenant, je sais qu'une étape importante sera franchie.

∞∞∞

C'est une dame vêtue d'un tailleur bleu marine croisé classique, d'un certain âge déjà, sans doute de la famille, qui m'accueille d'un air péremptoire. Un autre jeune homme se tient en retrait, pâle comme un linge.

— Monsieur Ziani, je suis au regret de vous annoncer que ce tableau n'est pas un Renoir.

Au lieu de répliquer, je regarde son collègue, qui tremble comme une feuille, de tous ses membres. C'est curieux tout de même. Il règne alors une atmosphère chargée, bizarre. Elle, elle reste droite comme l'épée de Damoclès. Lui, il transpire comme s'il avait une fièvre carabinée. Mon regard fait le ping-pong entre eux deux, jusqu'à ce que je percute :

— Et pourquoi ? Vous avez lu le rapport scientifique CIRAM et le livret de l'exposition. Qu'est-ce qui vous fait dire cela ?

— La photographie du tableau de Renoir *Soir d'été* exposé au Salon de 1865 ne correspond pas.

Et l'autre qui a toujours ses sueurs froides...

— Voulez-vous bien me la montrer, s'il vous plaît ? Cela me permettra d'en être sûr.

— Monsieur, ce sont des archives privées. Elles ne sont pas consultables. Sauf bien évidemment par des historiens et des archéologues.

Pour un peu, elle me convaincrait presque. Mais quand je me tourne vers ce jeune homme à l'air terrorisé, j'ai quelques doutes. Il ne devrait pas être là : c'est lui qui me met la puce à l'oreille. Cependant, je suis à court d'arguments.

— Très bien. Combien je vous dois ?

— Laissez, Monsieur, l'expertise est gratuite.

Vous reconnaîtrez que c'est bizarre, cette gratuité. Monsieur Perrin, que j'ai eu au téléphone pour prendre le rendez-vous, a bien insisté : "Venez avec 1900 €, sinon vous ne serez pas reçu". J'ai réuni l'argent et tout à coup, c'est inutile ! Je ne tente rien de plus, je remballe mes affaires pour retourner en gare. J'aurais dû m'en douter. De toute façon, ce rendez-vous, je le sentais mal barré depuis le début. C'est un autre monde.

La nuit me porte conseil. Je me repasse la scène. La dame a bien dit "Soir" et non pas "Soirée". C'est fréquent les glissements entre plusieurs titres pour un tableau. Par exemple, le célèbre *Déjeuner sur l'herbe* de Manet s'est d'abord appelé *Le Bain* puis la *Partie Carrée*. Finalement, j'ai bien fait d'y aller à ce rendez-vous : d'abord, le nom de ma toile paraît connu. Ensuite, s'il y avait une réelle différence avec mon tableau, je donne ma main à couper qu'elle me l'aurait montré, ce fameux catalogue photographique de l'exposition. Enfin, l'émotion du jeune homme, là, ne serait-ce pas une réaction allergique à la contre-vérité ? Qu'a-t-il à perdre ? Et par contrecoup, qu'ai-je à gagner ?

Rien ne sert de se mettre martel en tête. Chacun son monde, chacun sa route. Ce que je voudrais juste, c'est que mon tableau puisse entrer au catalogue raisonné en cours d'élaboration.

Je reprends ma navigation sur internet pour récolter d'autres indices. Avec le nouveau nom, j'élargis un petit peu mon champ d'investigation. Il n'y pas une énorme différence non plus... Je recherche une photographie qui montrerait une vue générale du Salon des Beaux-Arts.

Rien. À la réflexion, la possibilité d'un mensonge caractérisé m'apparaît de plus plus probable. Que faire ?

Le lendemain, je rappelle Monsieur Perrin, responsable des recherches à la Fondation Wildenstein. Je voudrais des informations complémentaires :

— Bonjour, Monsieur, c'est juste pour comprendre. Mon paysage est peint d'après nature. Or, les pré-impressionnistes se rendaient justement dans la forêt de Fontainebleau où on trouve ce genre d'endroits exceptionnels.

— Oui, Monsieur Ziani, mais ce n'est pas suffisant. Il n'y a pas que Renoir, cherchez un autre peintre !

— Attendez voir, j'ai un tableau daté de 1864 et signé A. RENOIR, je ne vais chercher personne d'autre que Renoir !

J'avoue que je ne lâche pas facilement le morceau. C'est dans mon caractère. J'appelle tous les jours, en essayant d'obtenir des indications complémentaires. Je reprends chaque détail en ma possession, je reviens sur chacun des mots prononcés ou entendus. J'ai une bonne mémoire quand quelque chose m'intéresse : je peux me rejouer tout un scénario autant de fois que je veux, à l'image près. Je ressers la même conversation en boucle, au téléphone, avec un responsable de plus en plus agacé. De son côté, poli et contraint, il fait d'énormes efforts pour me proposer de nouvelles pistes : ce paysage n'existe pas en France, le tableau a été peint à l'étranger, vous devriez trouver un autre artiste, etc. Ces arguments un peu fantaisistes ne me font pas changer d'avis d'un iota. Je n'y crois pas du tout même si je fais semblant de m'intéresser un peu, au cas où il se trahirait.

Bon, cette fois encore, si je veux gagner la bataille, il faudra que je change de tactique. Je décide de m'adresser à l'INHA, à ne pas confondre avec l'INA, qui se charge des archives audiovisuelles. C'est une amie des Puces qui m'a parlé de ce service de bibliothèque qui a des informations sur les salons et autres expositions des Beaux-Arts à la fin du XIXème siècle. J'envoie donc mon email à l'institut National de l'Histoire de l'Art. Avec tous ces chercheurs, ces séminaristes, ces conférenciers et ces conservateurs de haut niveau. Grâce aux services de bibliothèque, j'espère bien obtenir des éléments complémentaires, une photographie même ancienne, une description, un commentaire, n'importe quoi.

Pas de chance : "Le tableau dont vous demandez une illustration est réputé perdu."

La suite du message me donne pourtant le contact du département de la bibliothèque et de la documentation du Grand Palais via la RNMGP, c'est-à-dire la Réunion Nationale des Musées de France - Grand Palais. Madame F., documentaliste me transmet par email une réponse à double tranchant :

"Nous ne disposons pas de reproduction du tableau d'Auguste Renoir "Soirée d'été".

La localisation actuelle de cette œuvre est inconnue, sauf erreur de ma part."

Dans un sens, c'est bien dommage car je ne peux pas comparer ma toile avec un document fiable. Mais d'un autre côté, cela signifie que si personne ne l'a vue depuis très longtemps, ma découverte va peut-être changer les cours de l'histoire de l'art !

Entretemps, je continue à me renseigner sur le groupe d'amis qui entourent Renoir à ses débuts, le groupe de Marlotte. À moins de cinquante kilomètres de Paris, la forêt de Fontainebleau a d'abord accueilli les rois de France avant de devenir le lieu de rencontres privilégié des artistes du début du XIXème siècle,

parce qu'elle avait gardé la saveur de la campagne et que la vie y était moins chère. Au début du siècle, la ville de Barbizon a donné son nom à une "école", un groupe de peintres qui avaient en commun leur goût pour ce cadre naturel. On cite Millet, Corot, Rousseau. Ensuite, de l'autre côté de la forêt, des villages ont été rendus célèbres par les peintres qui séjournaient dans les auberges et peignaient d'après nature et en plein air grâce aux tubes de couleurs nouvellement en vogue. Dès le début du siècle, on parle de Barbizon, Samois-sur-Seine, Moret-sur-Loing, Marlotte ou Grez-sur-Loing. On raconte que, découvrant Marlotte vers 1860, Pierre-Auguste Renoir s'y rend en compagnie de ses amis Monet, Bazille et Sisley et qu'il lui arrive même de rejoindre l'auberge de la Mère Antoni à pied depuis Paris, en deux jours. C'est là qu'il aurait peint une centaine d'œuvres perdues aujourd'hui. Lorsqu'il présente *Soir d'été*, il est domicilié au 43, avenue d'Eylau, chez son ami Bazille à Paris. Jeune et sans argent, il compte sur son talent pour se faire un nom. C'est à ce moment aussi qu'il rencontre sa fiancée cachée, Lise Tréhaut, la célèbre modèle et dont il aura deux enfants hors union, Pierre et Jeanne. Même si elle a été son unique modèle jusqu'en 1872, ils rompent toute relation ensuite, chacun se marie de son côté et je crois qu'ils ne se rencontrent plus. Pourtant, *Lise au Chapeau de paille, Lisa cousant* ou *Lise à l'ombrelle* sont plutôt bien reçus par la critique et ce dernier est exposé au Salon de 1868. Je tiens peut-être une bonne piste.
Je rappelle Monsieur Perrin à l'Institut Wildenstein :
— Dites-moi, Monsieur Perrin, le Groupe de Marlotte, est-ce que cela vous dit quelque chose ?
— Mais, monsieur Ziani, puisqu'on vous dit qu'il n'y a pas de paysage comme le vôtre dans la forêt de Fontainebleau ! Et j'ajouterais même que moi qui habite la région de Moret-sur-Loing, je n'ai vu aucun endroit qui présente la moindre ressemblance. N'insistez pas !

Tiens, Moret-sur-Loing ? Pourquoi me parle-t-il tout-à-coup de Moret-sur Loing ? Ce village ne me dit rien de spécial... J'ai bien fait d'appeler aussi régulièrement. Il a fini par se trahir, en quelque sorte.

Chapitre 6

Le théâtre de mon Soir d'été ou l'art n'a pas de frontières

Janvier 2016. Je pars toujours hors-saison en Algérie pour différentes raisons mais surtout aussi pour échapper aux vagues touristiques. Les portes du désert sont un endroit très célèbre finalement.J'aime aussi l'hiver car les températures sont bien plus supportables. Toujours est-il qu'en me rendant à Bou-Saâda cette année, je me dis que Renoir a été très lié à ce pays. En 1870, au moment de la mode orientaliste, il peint *La Baigneuse au Griffon* et *Madame Stora en Algérienne.*Il a bon espoir d'exposer Les Parisiennes habillées en Algériennes au salon de 1872, mais on le refuse. C'est une dizaine d'années plus tard qu'il tombe malade. Il soigne sa pneumonie à Alger, où il découvre "le blanc". Toutes ces correspondances ne m'étonnent pas et même, il y a parfois des hasards... dans la vie, rien n'est impossible. Peut-être a-t-il voyagé lors de son séjour ? Peut-être a-t-il laissé un journal de bord qui s'est retrouvé dans les tiroirs d'un musée, et pourquoi pas ceux de Nasreddine-Dinet ? Comme je suis sur place, je fais un saut dans les bureaux. L'air est doux, comme toujours et il règne une ambiance de calme et de sérénité. L'accueil est en bas. Je frappe.

— Bonjour, excusez le dérangement, je voudrais vous demander quelque chose à propos de Renoir.

— Nous sommes à votre écoute.

— Voilà mon histoire.

Et je me mets à dérouler mon aventure épisode par épisode. C'est assez incroyable finalement. J'espère qu'ils ne vont pas croire que je fabule.

— Attendez, Monsieur le Directeur sera certainement intéressé.

Et c'est ainsi que je me suis retrouvé à discuter d'art et de tableaux dans son bureau, avec un café. Je peux même dire que nous avons sympathisé. De grands peintres ont vécu en Algérie et ont changé leur façon de peindre avec l'oppression coloniale et la peinture au chevalet : Azouaou Mammeri, Omar et Mohamed Racim ont été révélés grâce à des artistes comme Dinet. Il est essentiel de valoriser ce regard des peintres qui nous en dit long sur l'histoire et la civilisation. Emporté par son élan, le directeur me propose alors une visite de l'étage, qui renferme les œuvres originales. En effet, la vocation du Musée est de sécuriser et de protéger les œuvres originales. La plupart des tableaux offerts au grand public sont des reproductions très fidèles : on ne sait jamais ce qui peut arriver. Comme par exemple, cette femme qui s'est attaquée au célèbre tableau de Gauguin *Deux Femmes à Tahiti* en 2011 à New York : elle a pu être arrêtée à temps, heureusement qu'elle n'était pas armée. De toute évidence, c'est le nu qui avait déclenché sa crise de folie. Pourtant, dans la peinture, l'intention de l'artiste est supérieure : il saisit la beauté de la nature. Tout en continuant de converser, nous passons en revue ces toiles extraordinaires. Si on me demandait d'en choisir une, je ne saurais pas laquelle, tellement je me sens transporté dans ces scènes. Je suis comme dans un rêve, projeté dans cette autre réalité. *La Dispute* montre deux enfants en burnous blancs qui s'agrippent et se tirent les cheveux : c'est un concentré d'enfance du genre de la guerre des boutons. Moi, j'ai toujours eu un tempérament plus réfléchi et je ne me rappelle pas de bagarres. Mais c'est une autre histoire. Quand je salue le Directeur, j'ai des couleurs et des paysages plein la tête. Même si je n'ai pas retrouvé la trace de Renoir en Algérie, je sais que je vais continuer à suivre sa piste en France.

Une rivière qui serpente doucement entre des rives aménagées, un ponton qui invite à une partie de canot, une berge un peu abrupte plantée de grands arbres - des ormes peut-être, une plage qui accueille quelques maisons, une falaise étonnante et au loin des collines qui répondent aux nuages. Le tout s'irise de l'éclat lunaire dans un festival de tons chauds et paisibles. Réel ou irréel ? Avec ce que je sais de la peinture en plein air, j'imagine que Renoir n'a pas inventé ce paysage mais qu'il l'a choisi à cause de son amour des soirées entre amis, où la joie et l'amitié durent toute la nuit. Sous la crasse, on devine que la bohème et la peinture étaient toute la vie. Quand Pierre-Auguste Renoir représente les canotiers, est-ce qu'il peint ses amis ? A-t-il immortalisé une partie de pêche au flambeau pour une raison spéciale ?

L'idée de l'existence actuelle de mon paysage me tarabuste. Cela dit, depuis plus de cent ans, les paysages, ils ont dû valdinguer. Comment reconnaître l'endroit précis en pleine forêt ? C'est comme chercher une aiguille dans une botte de foin. Alors, j'ai posté une annonce sur le Bon Coin. Après tout, qui ne tente rien n'a rien et en plus, cela ne coûte rien d'essayer. Je retourne sur le Bon Coin :

Rubrique : Déposer une annonce
Catégorie : Loisirs
Sous-catégorie : Livres
Type d'annonce : Demande
Titre de l'annonce : Livre qui parle de Renoir - Période pré-impressionniste
Description de l'annonce : Recherche un ouvrage écrit par un historien d'art
qui parlerait d'un tableau intitulé Soir d'été
du célèbre peintre Pierre Auguste Renoir.

C'est une Belge qui me contacte par téléphone :
— Monsieur Ziani, j'ai le livre que vous recherchez, de Maximilien Gauthier. C'est une œuvre de collection qui donne l'information que vous souhaitez. Je vous le cède pour 300 €.

Je ne discute même pas le prix et je reçois quelques jours après le livre broché présentant des photographies des œuvres les plus connues de Renoir, quarante-quatre reproductions en couleur et à la sanguine ainsi que la mention de *Soir d'été*. Le journaliste et critique d'art Maximilien Gauthier s'est précisément documenté. Il écrit : "Ils ont découvert à Marlotte l'auberge de la mère Antoni. C'est là que Renoir va exécuter le *Portrait de Jules Lecœur et ses deux chiens* et *Soir d'été*." Voilà qui confirme exactement mon intuition. Si je peux retrouver l'endroit exact avec ces indications, Monsieur Perrin ne pourra plus prétendre que mon paysage n'est pas en France. J'observe ma toile avec attention. La rivière fait un coude vers la droite. Au premier plan à gauche, un ponton, où s'est installé l'artiste pour faire sa toile. Devant lui, deux chaumières sur la grève, au pied d'une falaise. Les arbres ont pu être coupés depuis, on a pu démolir les constructions, mais la falaise, c'est quand même un élément essentiel du paysage. Il doit bien en rester un petit quelque chose.

Mon smartphone dans la main droite et un café dans la gauche, je me rends à Bourron-Marlotte par géolocalisation et je recherche une falaise au bord de l'eau. C'est clair : une tache blanche en pleine campagne indique une falaise alors que je n'aperçois aucune rivière coulant à proximité. Maximilien Gauthier se serait-il trompé ? J'appelle la mairie de Bourron-Marlotte pour savoir si par hasard une falaise surplombe un bout de rivière. La réponse tombe comme un couperet :

— Monsieur, il n'y a pas de falaise au bord du Loing.

Je continue quand même à chercher et je tombe sur un plan d'état-major daté de 1822 numérisé par le Ministère des Armées. Il s'agit d'un relevé topographique complet où l'on peut bien lire les noms des communes mais où un grand nombre de lignes et de hachures se croisent et se superposent. Si l'on n'est pas spécialiste, difficile de se faire une idée claire. Je repère Bourron-Marlotte, le Loing et la Seine, mais rien de convaincant.

La journée est plutôt nuageuse, comme mon humeur, et si ça continue comme ça, je vais finir bredouille. Je lève les yeux de mon écran pour avaler une gorgée de café et je regarde distraitement les travaux entrepris dans l'immeuble d'en face. Je suis machinalement des yeux un homme emmitouflé dans une combinaison jaune, qui est presque fluorescente sous la grisaille de ce début de printemps. C'est le géomètre qui arpente le terrain. Il a installé sa station près du trottoir et avec sa canne et son trépied, il manipule son niveau numérique à laser. D'un coup, je tiens l'idée : lui, il sait lire les plans. Il pourra me renseigner.

Je sors pour lui soumettre ma carte d'état-major et une photo de mon tableau. Surpris au début par mon arrivée tambour battant, il me fait un sourire : il peut laisser son travail pour quelques minutes. Je suis bien tombé. Il a l'air vraiment sympathique, avec ses yeux bleus et sa barbe de trois jours. Je lui situe Bourron-Marlotte sur ma feuille A4 tout juste imprimée. Voilà qui sort de l'ordinaire. C'est la première fois qu'on lui demande une chose pareille. Il étudie le plan, il suit les tracés et finit par pointer un endroit où la rivière fait un coude à droite, presque à l'embouchure de la Seine et du Loing.

— Là, Monsieur, il y a une falaise au bord de l'eau.

Je déchiffre les lettres : il s'agit de la commune de Veneux-Nadon.

Troisième partie : avril 2015 à décembre 2017

Chapitre 7

La géolocalisation ou comment en avoir le cœur net

Un plan, ce n'est pas très parlant. Ce n'est pas comme un paysage.Jusqu'à présent, aucune des recherches que j'ai faites ne m'a aiguillé sur Veneux-Nadon, non plus. Ce ne serait pas la première fois que mes recherches m'amènent sur des chemins de traverse. Le tout, c'est de ne pas s'y perdre. Comment obtenir la certitude que mon paysage *Soir d'été* se trouve bien sur cette commune ? Renoir peignait toujours ce qu'il voyait. Son ami Diaz de la Peña, son maître aussi, de trente quatre ans son aîné, le lui avait conseillé : "Ne prends jamais ton pinceau si tu n'as pas de modèle !" Jusqu'ici, mes recherches sur internet m'ont toujours apporté des éléments intéressants. Dans la barre de recherche de mon fidèle navigateur, je saisis "Cartes postales anciennes de Veneux-Nadon". Je tombe sur la *Pêcheuse au bord de l'eau,* datant de 1908. La vue représente bien la rive gauche, avec le ponton un peu raccourci et on voit aussi la falaise qui a commencé à être rognée. On aperçoit également des bâtisses à l'emplacement des chaumières. La rive droite n'apparaît pas du tout malheureusement : on ne peut pas s'assurer du coude de la Seine. La photo est prise de plus loin mais le plan d'ensemble est très convaincant.

En continuant à faire défiler les résultats d'images, je découvre enfin la carte postale correspondant au paysage de mon tableau. Elle est datée de 1900 et quelques. La carrière a encore diminué et on aperçoit désormais un pont tout au fond. C'est le Rocher-Courteau, au bord de Seine entre les communes de Moret-sur-Loing et Veneux-les-Sablons. La mairie de Bourron-Marlotte a raison : ce n'est pas au bord du Loing que Renoir a réalisé cette peinture mais à l'embouchure ! Quand je suis sûr d'avoir retrouvé mon paysage, j'appelle Monsieur Perrin, toujours à l'Institut Wildenstein :

— J'ai de bonnes nouvelles à vous annoncer. Vous connaissez la Carrière des Roches Courteau à Veneux-Nadon ?

J'entends une voix féminine derrière lui :

— Mince, il a trouvé.

La suite de nos échanges ne mérite pas d'être rapportée ici. Je n'obtiens évidemment aucune autre information utile de sa part. Mais je sais maintenant que j'ai trouvé le bon endroit.

Veneux-Nadon, dans la forêt de Fontainebleau.

Je progresse.

Depuis ce jour-là, silence radio. Même si je continue à envoyer mes trouvailles par email.

Il faut reconnaître que j'ai quand même eu de l'aide pour mes recherches. Pas du Musée d'Orsay peut-être, mais de la part du géomètre, en un sens de la mairie de Bourron-Marlotte, et involontairement, de la Fondation Wildenstein qui a commis des impairs : la gratuité de l'expertise, la ville de Moret-sur-Loing et le commentaire surpris au téléphone. Je continue à approfondir mes recherches, notamment parmi les amis de Renoir. C'est comme cela que je me rends compte que l'un d'eux est devenu écrivain : Théodore Duret. Il est même l'auteur d'un ouvrage *Critique de Renoir*, où il mentionne le fait qu'après la destruction de ses deux premiers tableaux exposés au Salon de 1864, dont la fameuse *Esmeralda*, Pierre-Auguste Renoir “a peint *Soir d'été* d'après nature”. Cela confirme que je suis sur la bonne voie. L'auberge de la mère Antoni, Lise Tréhaut, la famille Lecœur et aussi le père de Sisley, William, de qui il peint le portrait : tout concorde. Désormais, je reconnais bien les indications que comporte le plan d'état-major : la ligne des falaises est agrémentée d'un picot, vers le bord de l'eau, qui symbolise la carrière. Comme quoi, même les falaises les plus hautes ne sont pas obligatoirement durables. La preuve, les arbres sont restés plus constant dans ce coin-là, alors qu'au départ, je n'aurais même pas rêvé de retrouver l'ambiance d'époque. Je suis de plus en plus impatient de voir mon paysage en réalité… enfin plutôt de jour, pas de nuit, c'est inutile.

Je suis plutôt lève-tôt. Ça ne me gêne pas de prendre ma voiture pour partir de bon matin. Fontainebleau est carrément au sud de Paris, à 70 kilomètres environ. Entre Villeurbanne et la Seine-et-Marne, il y a 400 kilomètres ; j'en ai pour 4 heures avec de l'autoroute tout du long : Mâcon, Chalon- sur-Saône, Beaune, Auxerre. La forêt de Fontainebleau est facile à trouver. Plusieurs sorties jalonnent l'A6 : Fontainebleau, Saint-Germain-sur-Ecole, Cély-en-Bière, Fleury-en-Bière, Ury, Saint-Pierre-lès-Nemours. Il faut sortir direction Montcourt-Fromonville, traverser Bourron-Marlotte et tourner à droite direction Moret-sur-Loing. Je stoppe juste avant Saint-Mammès, à Veneux-les-Sablons puisque tel est le nom actuel de la commune. C'est que j'ai repéré un camping et que je sais d'expérience que c'est le genre d'endroit qui apprécie les touristes.

C'est juste : on me renseigne parfaitement et je peux laisser ma voiture sur le parking visiteurs et continuer à pied.

Respectant les explications de la dame de l'accueil, j'emprunte le chemin du Luzin, un chemin connu et doté d'une plaque commémorative à cause du tableau que Monet a peint en 1865, *Le chemin dans la forêt*, une huile sur toile, bien entendu. Retrouver ma carrière - puisqu'aujourd'hui, il ne reste qu'un souvenir de falaise, est un jeu d'enfant.

Je photographie les Roches Courteau, le chemin, les rives, les arbres, etc. Hélas, le ponton est aujourd'hui trop court, il a été démantelé au début du XXème siècle. Et je ne peux pas prendre une barque pour tenter de cadrer exactement le paysage comme le voyait Renoir.

A part ça, du moment que le lieu existe et que je l'ai vu de mes propres yeux, je peux dormir sur mes deux oreilles.

Je m'en retourne, heureux et plein d'espoir.

TRAJET À FONTAINEBLEAU
12 MARS 2015

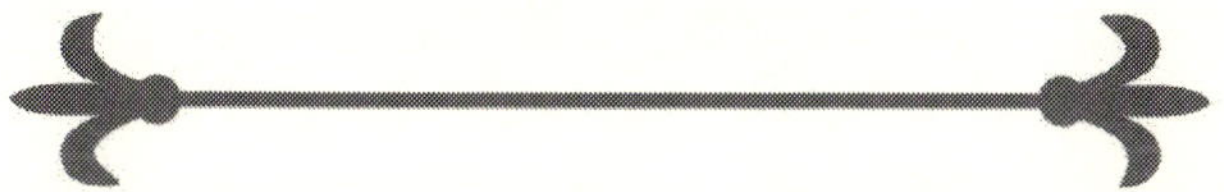

J'emprunte le chemin du Luzin. Retrouver ma carrière – puisqu'aujourd'hui, il ne reste qu'un souvenir de falaise, est un jeu d'enfant.

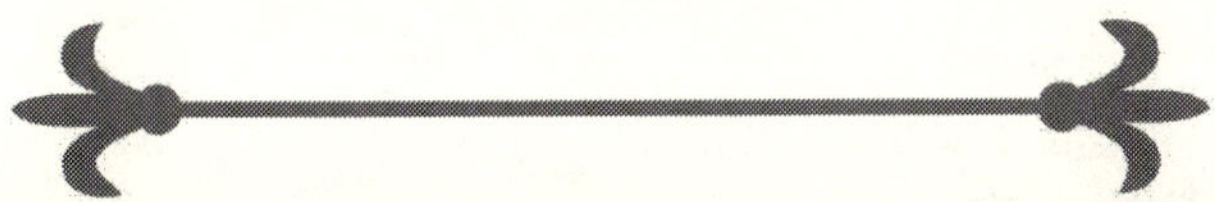

Heureusement que le géomètre a su lire le plan d'état-major !

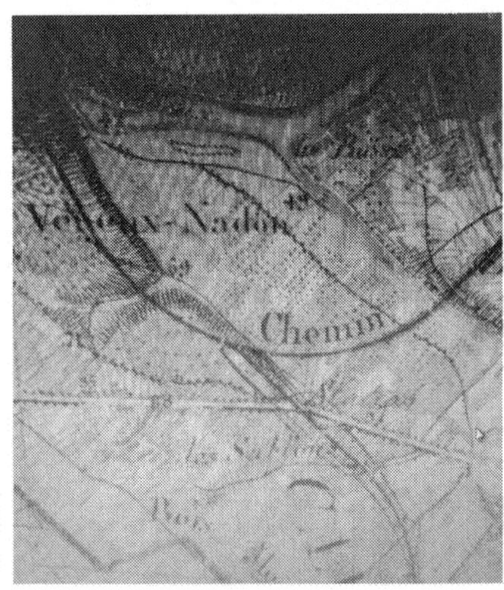
Chemin

Chapitre 8

Les médias et l'art du chaud et froid

De caractère, je suis plutôt discret. je n'aime pas l'esbrouffe. N'empêche que quand j'ai quelque chose à dire, je ne me gêne pas. Alors, vous imaginez bien que mon histoire, je l'ai racontée vingt, cinquante, cent ou mille fois, sous toutes les coutures, au fur et à mesure des rebondissements, à mes voisins, à mes amis, à ma famille et même parfois à des connaissances de passage. On ne sait jamais... Dans mon auditoire, il y a ceux qui m'encouragent et me soutiennent. Et il y a les autres, les sceptiques, ceux qui ne comprennent pas pourquoi j'investis autant d'énergie dans cette recherche. Moi, je reste optimiste. J'écoute mon intuition. En tous cas, cette histoire pourrait bien sortir dans le journal local. Tout le monde me le dit. Pourtant, aucun correspondant n'est venu me voir. C'est à moi de prendre les devants.

Voilà comment je finis par contacter le quotidien le plus populaire de Lyon et alentours via la page d'accueil de son site internet. C'est le Fil Rouge : “Vous êtes témoin d'un événement, vous avez une information à nous donner ...

Alors remplissez le formulaire ci dessous.” Je résume les faits dans le cadre dédié, j'ajoute mes coordonnées et très vite, un journaliste vient me rendre visite. Comme ça, directement.

∞∞∞

David Tran est un gars sympa, qui fait son boulot avec conviction et sincérité. Il se présente avec courtoisie comme responsable de la rubrique Culture et Arts du quotidien. Je suis ravi de sa présence. Être dans les médias, c'est aussi une sorte de reconnaissance.

Comme le tableau est exposé dans mon salon, nous l'examinons ensemble, je lui raconte mes pérégrinations, il prend des notes. Ce qui l'intéresse en fait, c'est comment je me suis débrouillé pour acheter cette toile. Au bout de deux heures, satisfait, très satisfait même, il m'annonce :

—Monsieur Ziani, demain, un article !

Il dit vrai. Le samedi 6 mai, la une du journal est consacrée à mon tableau. En-dessous d'une photo où j'observe de très près le tableau sur son chevalet, comme pour y découvrir la signature du célèbre peintre. Le gros titre annonce :

"A-T-IL RETROUVÉ UN RENOIR PERDU ?"

J'ai un ami buraliste : c'est lui qui m'avertit tout de suite, je file lui acheter le journal. La double page reprend fidèlement mon histoire. C'est un pas de plus dans la prise au sérieux de toutes mes démarches. Les répercussions sont immédiates puisque d'une part, dès le lendemain, j'accueille une trentaine de représentants des médias audiovisuels, ensuite, le journaliste du Progrès enchaîne avec la publication d'une série d'articles publiés dans la foulée puis plus espacés au mois de mai et enfin, le laboratoire Lumière Technology me présente, par son intermédiaire, une offre irrésistible.

Incroyable ! Juste un coup de fil, et j'ai eu toute la pelote.

∞∞∞

Après que j'ai lu le journal donc, la sonnette retentit. Devant ma porte, sont réunies plusieurs équipes de télévisions et de radios: France 2, France 3, BFMTV, Europe 1, RTL, Radio Monte-Carlo… Je suis un peu surpris mais ça m'arrange de raconter mon histoire. Tout ce beau monde s'entasse dans mon petit appartement sans aucun problème : les équipes sont rodées. Comme mon interview de deux minutes est programmée au journal de 13 heures de Jean-Pierre Pernaud, on commence par les prises de vues de TF1, puis tout s'enchaîne. Deux heures plus tard, les micros, les perches et les carnets à spirales sont pliés, et il ne reste plus qu'à monter les rushes et diffuser les extraits d'interviews.

∞∞∞

Entre les émissions et les articles, on peut dire que j'ai été bien servi. De sorte que j'ai acheté le journal au moins une fois par semaine en mai, toujours grâce à mon ami buraliste qui le lit en avant-première dès l'ouverture de son bureau de tabac. Selon la teneur des articles, les réactions de mon entourage sont très diverses : cela va de “C'est bien vrai, bravo, continue !“ à “Mais qu'est-ce qu'ils racontent ! Mais c'est faux, archi-faux ! Ce sont des menteurs, ils veulent vous rouler dans la farine !”, je suis le centre de l'attention. Encore plus que le tableau lui-même, d'ailleurs. C'est que les chiffres avancés par les journalistes pour la valeur de *Soir d'Eté* sont faramineux, voire impossibles à imaginer.

Plusieurs centaines de millions d'euros.

Et au fond de moi-même, je me demande bien comment je pourrais dépenser une telle somme.

∞∞∞

Le samedi matin même donc, David, le correspondant du service Arts et Culture du Progrès, me rappelle :

— Jean Pénicaud, Directeur de Lumière Technology, vous offre l'expertise multispectrale. Vous êtes attendu dès lundi Boulevard Saint-Germain, dans l'institut doté de cette technologie innovante.

L'analyse multispectrale pour authentifier les tableaux ?

Mais c'est que je n'en ai jamais entendu parler.

Je me renseigne rapidement sur mon smartphone. Ce laboratoire a été ouvert aux alentours de 2010, semble-t-il, avec un brevet obtenu en 1998. C'est relativement récent, mais pourquoi pas ? Le procédé consiste à effectuer une prise de vue avec une caméra spéciale qui enregistre aussi bien les infrarouges que les ultraviolets. L'interprétation prend trois directions : la colorimétrie, la spectrométrie et la photométrie. Le tarif avoisine également les 2000€. Heureusement que ce sera gratuit. Et en même temps, le laboratoire collectionne à son actif des œuvres extraordinaires : par exemple la *Dame à L'Hermine* de Léonard de Vinci, le tableau aux sept visages. Grâce à ce nettoyage virtuel, on peut distinguer les couches successives de peinture, les retouches, et même jusqu'aux techniques d'application de la couleur. Le célèbre peintre utilisait ses doigts pour créer des effets et on peut voir ses empreintes digitales. La belle Dame, Cecilia Gallerani, tenant dans ses bras son animal de compagnie, son hermine, très claire sur le fond obscur, donne l'impression d'être en mouvement, comme si elle jetait un coup d'oeil sur sa gauche. Comme d'autres œuvres de Léonard de Vinci, la toile a été perdue, volée pendant la guerre, retrouvée en Bavière, bref elle a beaucoup voyagé en Europe durant plusieurs siècles jusqu'à ce qu'un Prince polonais en fasse l'acquisition en 1800, tandis que son descendant créait la fondation Czartoryski en 1948. Cette huile sur bois est désormais propriété du Musée de Cracovie depuis 2016. Bravo à Lumière Technology !

Le lundi suivant, le 9 mai, un article paraît sans moi. Il s'agit de l'interview de madame C. qui m'a vendu le tableau. David Tran a donc réalisé son enquête personnelle. Il retrace en page 7 du quotidien, dans la catégorie Art, le parcours de la toile depuis que Mme C. l'a retrouvée. Il titre : “Le regret de ne plus pouvoir l'admirer”. Apparemment, la dame ne m'en veut pas de mon marchandage pour une œuvre qui pourrait valoir des millions aujourd'hui. "Je ne l'aurais pas faite expertiser de toute façon", affirme-t-elle. Et on imagine bien pourquoi, vu les obstacles auxquels je suis confronté. Du coup, mes voisins commencent à me prendre au sérieux. Ça me fait plaisir.

L'article de la semaine d'après, en revanche, me surprend un peu : "Le "Renoir de Villeurbanne" soumis à l'épreuve des historiens de l'art". Les Durand-Ruel, premiers acheteurs historiques de Renoir, émettent de sérieuses réserves sur l'authenticité du tableau. De son côté, Marc Le Cœur, un historien d'art, affirme également que *Soirée d'été* n'est pas le tableau retrouvé. Son témoignage pèse lourd car il est le descendant de l'un des amis du peintre, Charles, dont l'artiste a réalisé un portrait en 1874. Cette toile de 42 centimètres par 29 est aujourd'hui exposée dans le Musée d'Orsay. Cela dit, l'historien est également l'auteur d'un essai intitulé : *Renoir au temps de la bohème : l'histoire que l'artiste voulait oublier* et publié en 2009 par L'Echoppe. Fort de ses recherches, il affirme avoir lu, sur une gazette de l'époque dont il refuse de dévoiler le nom, une description précise : il s'agit d'un "chaud et plantureux paysage", au "soleil couchant", où l'on aperçoit "deux baigneuses". Le paysage de ma toile, bien restauré, pourrait être chaud, surtout avec le flambeau brandi par l'une des pêcheuses debout dans le canot. Pêcheurs ou pêcheuses ? Quand on a l'orignal entre les mains, on s'aperçoit de la finesse des traits et de la silhouette de ces deux figures. Mais pas question de soleil couchant, ni de baigneuses. Dommage que la référence de la gazette soit absente et qu'il s'en tire avec une pirouette : "c'est un travail en cours", paraît-il...Comme cerise sur le gâteau, dans un encart, un obscur artiste de Montmartre, qui s'illustre dans le domaine des technologies numériques est invité à donner son avis sur l'Institut Lumière Technology et son l'analyse multispectrale : sa réponse généreuse et "infaillible" à mon "cri de détresse" serait une "chance".

"Cri de détresse" ? Il y va fort... Pour la chance, il faut voir à l'usage...

Sapristi, si même le journal s'en mêle, je vais devoir monter à

Paris pour de bon.

∞∞∞

SERIE D'ARTICLES DANS LE PROGRÈS
6-20 MAI 2016

J'ai un ami buraliste : c'est lui qui m'avertit tout de suite, je file lui acheter le journal. C'est un pas de plus dans la prise au sérieux de toutes mes démarches.

Incroyable ! Juste un coup de fil,
et j'ai eu toute la pelote.

Le Renoir de Villeurbanne n'en est pas un

Le chineur de Villeurbanne pensait avoir retrouvé une toile perdue d'Auguste Renoir intitulée *Soirée d'été* (1864). L'analyse multispectrale de l'œuvre n'accrédite pas cette possibilité.

Les plus belles histoires s'achèvent parfois dans la douleur. Le rêve caressé depuis deux ans par ce chineur de Villeurbanne, persuadé d'avoir retrouvé un tableau perdu d'Auguste Renoir intitulé *Soirée d'été*, vient d'entrevoir un épilogue aux accents de crève-cœur.

1 650 photos multispectrales

Il y a trois semaines, Ahmed Ziani nous confiait son récit. Touché par la hardiesse de ce Don Quichotte ultra-sincère, qui a dilapidé ses économies à faire reconnaître le potentiel Renoir de sa toile achetée 700 € sur leboncoin.fr, Lumière Technology lui a gracieusement proposé une analyse du tableau. Précurseur d'une technique spectrale capable de sonder l'invisible des œuvres, le studio parisien, dirigé par Jean Penicaut et Pascal Cotte, a récemment révélé un secret jusque-là indiscernable de La Joconde : Mona Lisa cachait, sous son portrait, deux autres visages de femme !

Le « Renoir de Villeurbanne » fut à son tour scanné, bombardé par treize différentes longueurs d'ondes de lumière générant 1 650 photos multispectrales. Le verdict est sans mansuétude. En particulier pour la signature, ce mystérieux « A. Renoir 1864 » qu'Ahmed Ziani voit clairement, mais qui n'apparaît sur aucune prise de vue. Nulle date ni paraphe ne répondent positivement à la seule question qui vaille la peine d'être posée : le tableau a-t-il été exécuté de la main d'Auguste Renoir ? « L'hypothèse d'une signature cachée ou absente est, en outre, peu cohérente : en 1864, Auguste Renoir avait 23 ans et avait tout intérêt à se faire connaître, tranche Jean Penicaut. La seule chose qu'a révélée notre examen est que la lune a bougé pendant l'exécution du tableau. » Du point de vue stylistique, « on est loin de ce qu'on connaît du jeune Renoir pré-impressionniste. On peut fatalement conclure que l'attribution à Auguste Renoir est sans fondement ».

« Nulle date ni paraphe ne permettent de dire que le tableau a été exécuté de la main d'Auguste Renoir. Photo Maxime JEGAT

Une reproduction cachée par l'institut Wildenstein

L'authentification repose désormais sur des preuves historiques. L'historien Marc Le Cœur affirme avoir retrouvé une chronique de l'époque, dans laquel *Soirée d'été* est décrit comme « un soleil couchant à travers les feuillages » avec « deux baigneuses ». L'inverse du tableau [illegible], où la lune éclaire des hommes pêchant à la lumière d'une torche dans une barque.

Et l'institut Wildenstein, gardien des archives Renoir, prétend posséder une reproduction de *Soirée d'été*. [illegible] « [illegible] qu'ils cachent [illegible] chercher les [illegible] et qu'il y a [illegible] ment d'hypocrisie autour de *Soirée d'été*, objecte Ahmed Ziani. Mais je ne me décourage pas. Je garde le cap. »

David S. Tran

EMPLOI LANGUE FRANÇAISE

Une faute d'orthographe sur un CV peut être fatale

Un CV parsemé de fautes d'orthogra- [illegible] tat inquiétant, car les Français ont de [illegible]

ATTENTATS DE PARIS

Didi, le videur du Bataclan, obtient la nationalité française

Depuis plus de six mois, les internautes s'étaient mobilisés pour que Didi, l'un des vigiles du Bataclan, obtienne la nationalité française. Une pétition a recueilli plus de 100 000 soutiens. Hier, le ministre de l'Intérieur Bernard Cazeneuve, a appelé le trentenaire pour lui annoncer la bonne nouvelle.

Les premiers articles de David Tran vont plutôt dans mon

sens, tandis que les autres donnent la parole à des détracteurs qui n'ont même pas pris la peine de me contacter ou de chercher à voir l'œuvre. Moi, je sais que la vérité est de mon côté. Je suis tranquille.

Je reprends donc un aller-retour pour la capitale. Rebelote, je remballe mon tableau, je fais mon trajet habituel TGV-taxi et je me présente à l'accueil de Lumière Technology. C'est un beau bâtiment du boulevard Saint-Germain. Je suis accueilli directement par Monsieur Pénicaud accompagné de son jeune assistant.

— Asseyez-vous, et montrez-nous, Monsieur Ziani.

J'obtempère. Ils sont en face de moi. J'enlève le papier bulle.

— Alors, c'est ça, votre tableau ?

Là, le Docteur en sciences multispectrales le prend devant lui et il se met à le regarder...

Il regarde...

Il regarde....

Il regarde pendant au moins dix minutes.

Moi, j'attends.

Il lève alors les yeux :

—Monsieur Ziani, où voyez-vous la signature ?

Je lui demande l'autorisation de contourner le bureau. Il acquiesce. Une fois vers lui, je pointe le détail du doigt :

— Voyez, ici, vers les herbes.

Il se tourne vers son collègue :

— Tu vois quelque chose, toi ?

— Beh non, rien du tout.

En face d'eux, la moutarde commence à me monter au nez :

— Dites-moi, je suis là pour quoi ?! Vous m'avez fait venir pour vous moquer de moi ?!?

— Non, non, Monsieur Ziani, mais nous, on ne voit pas de signature là...

— Eh bien, si vous ne voyez pas de signature, tant pis pour vous ! Qu'est-ce que vous voulez que je vous dise ?! Allez ! Je replie mon tableau !

— Non, non, Monsieur Ziani, ce n'est pas la peine de vous fâcher !

C'est vrai que je me suis énervé : pour qui me prennent-ils ?

Et dans l'encart du 12 mai, l'artiste numérique affirme que "les experts trop brutaux manquent d'humanité". Pour moi, c'était carrément l'inverse : je regrette franchement le professionnalisme des experts indépendants du laboratoire CIRAM ! Comme je suis sur place de toute façon, j'encaisse le choc et on passe enfin à la suite.

— Bon, nous allons soumettre l'œuvre au multispectral. Laissez-nous votre tableau et revenez à 16 heures.

Même chose que pour l'expertise à l'Institut Wildenstein.

Moi, j'en profite pour faire une pause rue du Dragon, dans un petit restaurant italien, *La Locanda*. Le rissotto façon piémontaise est un délice. Et les gelatti en dessert vous feront voyager sous le ciel de la Méditerranée. Je refais le plein d'énergie pour aller au musée.

***

C'est toujours avec plaisir que je visite les grands musées parisiens. Après les peintres orientalistes du Louvre, je retrouve avec plaisir les impressionnistes d'Orsay. Parmi toutes les œuvres magnifiques que j'ai la chance de contempler, c'est *Le Déjeuner sur l'herbe* d'Edouard Manet qui retient mon attention. Cette grande toile a été rejetée par le jury du Salon des beaux-Arts de 1863 mais acceptée à celui des Refusés accordé par Napoléon III, sous le titre *Le Bain*. À l'époque, Manet avait une certaine influence. Il était issu d'une famille riche. Son père, juge d'instruction, avait épousé la belle-fille de Louis-Philippe. Je dirais qu'il était le sauveur de Renoir et de Monet : il leur prêtait parfois de l'argent, il les défendait en tant que peintres. Courbet aussi a joué un rôle important, comme chef de file de la bande des Refusés. C'est lui qui a porté la demande d'un salon "off" devant l'empereur, qui l'accepte. En tous cas, à l'époque, le sujet du *Déjeuner sur l'herbe* fait scandale. Même aujourd'hui, cette femme nue au milieu d'autres gens habillés est surprenante. Pourtant, les contrastes de lumière et la perspective en sous-bois qui laisse entrevoir des collines à l'horizon me fascinent littéralement. Finalement, les personnages, nus ou habillés, semblent de naïfs intrus dans cette nature généreuse. La taille même de la toile - de plus de 2 mètres sur plus de 2 mètres soixante, nous rapproche d'autant plus de la scène, presque gran-

deur nature.
Je regarde ma montre. Il est temps.

∞∞∞

Me voilà de retour à l'Institut Lumière Technology. Le responsable m'accueille et me rend le tableau :
— Vous aurez la réponse par les journaux.
Je ne me fais pas d'illusions sur le sens de sa phrase. Je sais qu'il va orienter son avis sur cette prétendue absence de signature.
Ca ne vaut même pas la peine de commenter.
Retour à la maison.

ANALYSE MULTISPECTRALE
LUMIÈRE TECHNOLOGY
5 JUIN 2016

Il se tourne vers son collègue :
- Tu vois quelque chose, toi ?
- Beh non, rien du tout.
En face d'eux, la moutarde
commence à me monter au nez.

Sur le scan multispectral,
on voit bien le repentir de la lune.

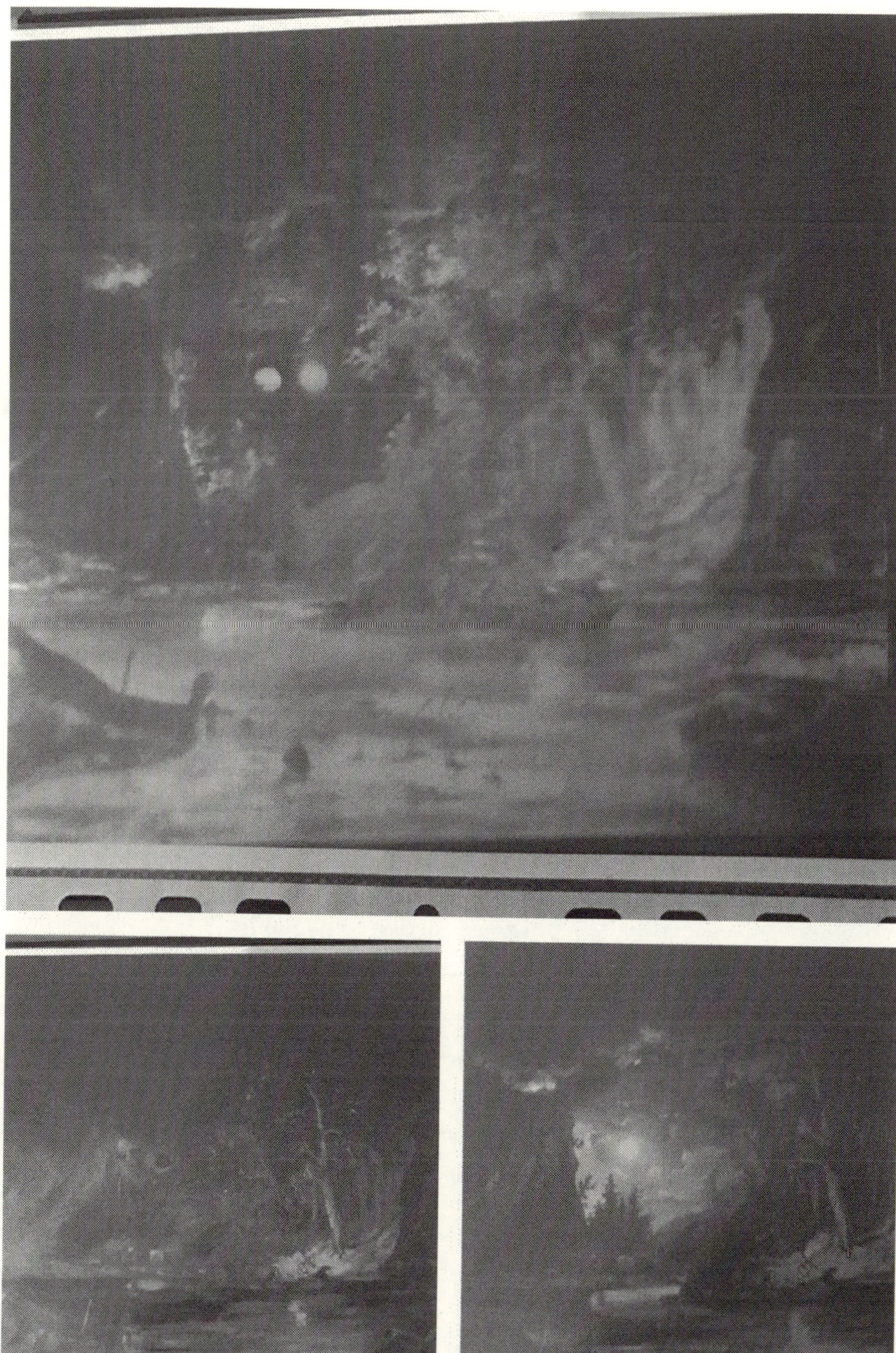

David Tran m'appelle quelques jours plus tard :
— J'ai reçu la réponse de Monsieur Pénicaud. Ton œuvre n'est pas datée ni signée. Pourtant, je veux te laisser la main, à la fin du dernier article que je vais faire pour cette série du Renoir retrouvé.Tu pourras dire ce que tu veux pour conclure.
— C'est d'accord, mais je ne sais pas trop quoi…
— Et si on finissait par : "L'Odyssée *Soir d'été* de Renoir continue" ?
— Oui, c'est possible… ou alors ça pourrait être : "Monsieur Ziani garde toujours le cap pour ses recherches."

∞∞∞

Le Progrès du lendemain, le 27 mai 2016, titre en page Actualités - Beaux-arts/Peinture : "Le Renoir de Villeurbanne n'en est pas un" et reprend les conclusions principales - notamment la prétendue signature manquante, associant la fondation Wildenstein, Marc Le Cœur et le laboratoire Lumière Technology. La dernière phrase m'appartient. David a retranscrit mes paroles : "Je garde le cap pour mes recherches."

Enfin, en l'absence de preuves différentes, je remarque que c'est toujours mon tableau qui est reproduit au centre de la page, juste au dessus de l'article : "Une faute d'orthographe sur un CV peut être fatale", dans la rubrique Emploi/Langue française. Bonne ou mauvaise publicité ? L'avenir nous le dira. Puisqu'il est question de signature, je vais entamer une analyse graphologique. On verra bien ce que cela donnera.

Je garde le cap.

Chapitre 9

Les signatures ou quand on aime, on ne compte pas

Moi, du moment que je détiens la vérité, ça va. J'ai un moral d'acier... C'est de convaincre les autres qui est difficile. Quand je raconte cette histoire, je ne peux pas donner tous les détails en même temps. C'est pour cela que je n'ai pas parlé d'argent jusqu'à présent. Pourtant, dès le début, j'ai compris qu'il me faudrait investir sérieusement pour avoir un espoir de gagner la bataille et de réussir à authentifier mon tableau. Alors je ne lésine pas sur les dépenses. Quand on aime, on ne compte pas et les chiffres s'additionnent :

- l'achat initial et l'envoi par UPS.
- La location d'un coffre à la banque pour entreposer l'œuvre - eh oui, je ne peux pas la garder à la maison. Mais je la sors quand je veux -et je ne m'en prive pas.
- L'acquisition de livres d'art - toute une bibliothèque de références autour de la peinture pré-impressionniste et de l'œuvre de Renoir.
- L'expertise CIRAM qui donne la mention "Attribué à".
- La quinzaine d'allers-retours à Paris pour les Archives Nationales et les rendez-vous d'experts.
- Mes trajets à Bordeaux (en avion) et à Fontainebleau (en voiture).
- Les entrées aux Musées, les repas, les faux-frais, les impressions, etc.

On en arrive vite à quinze-vingt mille euros !

LES BEAUX-LIVRES & LES ÉTUDES D'HIER À AUJOURD'HUI

Annonce : Recherche un ouvrage écrit par un historien d'art qui parlerait d'un tableau intitulé Soir d'été du célèbre peintre Pierre Auguste Renoir.

J'ai même acheté des livres d'art - toute une bibliothèque de références autour de la peinture pré-impressionniste et de l'oeuvre de Renoir.

Autant dire que ma situation bancaire n'est pas au beau fixe. Pour tout vous avouer même, je suis en interdit bancaire depuis au moins dix ans pour une ancienne dette de 5000€, un crédit à la consommation. Pourtant, client du Crédit Lyonnais, j'ai expliqué mes démarches en vue de l'authentification d'un chef-d'œuvre disparu et retrouvé. Je ne gaspille pas l'argent ; j'effectue les dépenses nécessaires. Ça peut se comprendre quand même, vu l'enjeu. En rendez-vous avec un conseiller goguenard, je fais valoir le sérieux de mes recherches et je conclus :

— Vous comprenez, c'est un investissement nécessaire. Vous savez que c'est vous qui gardez le tableau là-dessous, dans les coffres. Pourriez-vous me prêter 5000 euros ?

— C'est une somme importante. Vous allez vous endetter lourdement compte-tenu de vos ressources disponibles.

— Oui mais c'est pour continuer mes investigations autour de *Soir d'Été* de Renoir...

— Monsieur Ziani, soyons sérieux. Vous ne nous présentez aucune garantie et nous ne pouvons pas nous engager financièrement dans ces conditions.

Il ne me croit pas du tout et il pense que je divague. Il n'a rien compris en fait. Je n'ai qu'à m'en aller de cette banque et on n'en parle plus. Il me laisse quitter son bureau en regardant ailleurs.

Je peste intérieurement contre ces commerciaux qui ne connaissent rien à l'art. En traversant la rue, sur le trottoir d'en face, j'aperçois l'enseigne rouge HSBC. Il ne faut pas avoir d'a priori contre les Suisses. HSBC est une banque très accueillante au final. Surtout que l'agent d'accueil a bien cerné mon problème et que lui m'écoute vraiment. Je peux m'inscrire sans problème, avec une carte à découvert autorisé et sans frais, et surtout la disparition de mon interdit bancaire historique. Il passe à la trappe. Une bonne chose de faite !

L'ouverture de compte se révèle simplissime sauf pour la récupération de mon dossier auprès de mon ancienne banque. Impossible d'obtenir le transfert du Crédit Lyonnais. C'est à moi de me déplacer.

∞∞∞

Mon conseiller a complètement changé d'attitude. Est-ce qu'il a lu les journaux depuis notre dernier rendez-vous ? Est-ce qu'il a regardé l'un des reportages qui tournent sur les réseaux ? Il ne l'avoue pas mais sa déférence parle pour lui :

— Monsieur Ziani, pourquoi nous quittez-vous ?

— C'est trop tard, Monsieur, j'ai déjà choisi vos concurrents d'HSBC. C'est avant qu'il fallait me prêter la somme pour continuer.

J'ai pris mon dossier, j'ai retiré *Soir d'Eté* et je l'ai porté juste en face dans un nouveau coffre. Commissions, frais bancaires, tout va bien maintenant. Mon interlocuteur est compréhensif, ça me laisse les coudées franches.

Et avec tout ça, je n'oublie pas ce que je dois encore aux amis qui m'ont prêté de l'argent pour faire face aux dépenses de toutes ces années. Sans l'aide de mon entourage, rien n'aurait été possible. C'est un investissement qui vaudra le coup, enfin, si j'arrive au bout car il y en a d'autres que moi qui ont abandonné déjà, qui se sont laissé décourager, faute de résultats. Moi, je suis ma route coûte que coûte et ce ne sont pas les tableaux que je signe, mais les reconnaissances de dettes… et les contrats !

Parce qu'en juin 2016, justement grâce au battage médiatique, les avocats entrent dans la danse.

∞∞∞

— Bonjour Monsieur Ziani, je suis Maître W. J'ai suivi votre affaire dans les médias. Je vous propose mes services pour vous accompagner. Je suis dans les Vosges mais je viens tout spécialement pour vous à l'Hôtel Carlton à Bellecour.

Vous voyez le genre : j'arrive en jean basket au milieu des costumes-cravate, avec mon tableau sous le bras, sous l'oeil suspicieux du groom. Mon futur avocat loge dans une suite avec son épouse, profitant du week-end pour une escapade dans la ville des lumières. Soit. Je lui sors ma toile ; il me sort son contrat. Grosso modo, si nous réussissons à obtenir l'authentification, j'accorde 10 % au cabinet. Je signe. Je n'ai rien à perdre et vu le prix, il me restera quand même de quoi adoucir ma retraite.
Il faut juste patienter.

∞∞∞

Pour confirmer la signature, il me faut un expert en écriture manuscrite. Je saisis “Graphologue” dans la barre de recherche de mon navigateur. Je clique sur le premier nom qui sort : *Mme L. P., graphologue à Merignac*. J'aime bien procéder de cette manière, je ne sais pas. Pompom ! je clique le premier résultat de la liste. Si cela ne convient pas, j'appellerai le suivant, j'avance par élimination comme un explorateur se fraie un chemin dans la jungle, au coupe-coupe.

Quand je contacte ma graphologue, elle me demande de lui envoyer de belles photos du tableau, surtout des herbes - en fait exactement de l'endroit où mon fiston avait trouvé la signature et la date. Elle établira ensuite son rapport si elle trouve quelque chose de pertinent. Je lui adresse mes photos ainsi que mes recherches, résumées étape par étape pour lui faciliter le travail.

— Laissez-moi travailler, je vais regarder cela de plus près.

Trois jours plus tard, elle m'appelle :

— J'ai une bonne nouvelle pour vous, j'ai repéré le monogramme AR de Renoir, dans les herbes. Ne vous fixez pas là où vous voyez, vous. Mais déplacez-vous sur la droite : je vous ai mis un repère.

Par email, elle m'envoie alors un des détails où elle a entouré d'un épais trait rouge des lettres imbriquées dans les herbes. Je suis étonné : depuis quatre ans, je connais mon tableau par cœur, j'en rêve même parfois la nuit mais je n'ai pas remarqué ces initiales. C'est elle qui a fait la découverte. Il faut dire que cette façon de signer est très spécifique. Le peintre a posé sa marque dans le mouvement des herbes du bord d'eau, étirant et arrondissant les lettres quand il le fallait : P.A.R pour Pierre Auguste Renoir. Les deux lettres de son prénom sont entremêlées : il a commencé par tracer le P, auquel il a ajouté une barre oblique pour faire le A, dans un deuxième temps. C'est pour cela que son monogramme est aussi reconnaissable qu'une signature.

— Vous recevrez mon rapport graphologique complet dans quelques jours. Pour mes honoraires, nous pourrions aller vers un pourcentage. Un pourcentage de la valeur du tableau, bien entendu, 4 ou 5 % par exemple...

— Ohoh ! Je ne veux pas m'avancer. Envoyez-moi un contrat et je verrai comment faire. En attendant, je fais faire les photos du détail où vous avez trouvé le monogramme.

Le rapport de Mme L.P., en date du 20 octobre, est envoyé par email sous le titre : Réflectographie.

" Monsieur ZIANI,

Faisant suite à votre demande, j'ai observé et ce, grâce à de multiples grossissements, votre tableau «Soir d'été», pour une reconnaissance de signature de l'Auteur « Auguste Renoir ». Les observations approfondies dévoilent le monogramme « A. R. » apposé au niveau de l'herbe. Pierre Auguste Renoir, avait pour habitude de signer en caractères plus ou moins gras, parfois en noir, en blanc ou en rouge. Ses signatures - ou monogrammes - sont multiples et se confondent parfois avec l'œuvre, et peu importe leur emplacement sur le tableau : il pouvait signer en bas à gauche, en bas à droite, en haut à gauche, etc."

Madame P. joint également les références de quatre autres œuvres de Renoir, qui présentent une même manière de signer : le portrait de son père notamment où la marque apparaît clairement au milieu et à droite.

C'est confirmé noir sur blanc. La balle est dans mon camp.

∞∞∞

LILIANE P. GRAPHOLOGUE
2018

Les signatures et monogrammes multiples de Pierre Auguste Renoir confirment son caractère instable et son tempérament nerveux et inquiet.

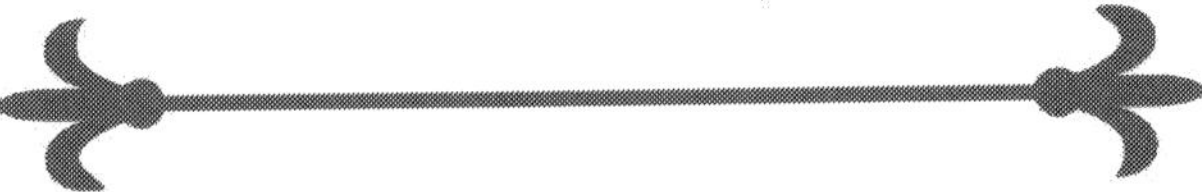

Certains experts disent que j'ai faux,
par rapport à la signature.
Là, je vais pouvoir prouver le contraire. Si moi,
j'ai faux, c'est qu'il y a un sacré problème !

INTES :

vre : « IL FAUT EMBELLIR » - ANNE DISTEL (pièces n°1, 2 ,3)

• Pièce n°1

• Pièce n°3

Je me retrouve une nouvelle fois chez le photographe de

Villeurbanne. Il me voit revenir avec ma toile dans son papier bulle. En l'exposant dans le studio, il s'arrête pour regarder mon *Soir d'été* :
— Il est magnifique, ce tableau ! Et en plus, il faut vous dire qu'il est très très sale ! Vous l'avez bien remarqué. Une fois nettoyé, vous allez voir, il va être exceptionnel !

Je repars alors avec les clichés qui confirment l'expertise. Vivement la suite. Si je gagne, je lui offre une bouteille de champagne.

Retour au Parquet.
Avec Maître W. l'avocat, un an déjà s'est écoulé.
Certes, il a bien envoyé une lettre à la Fondation Wildenstein qui a répondu, d'après ce que j'ai entendu et sauf erreur de ma part : "Nous avons vu le tableau de Monsieur Ziani. Nous ne reviendrons pas sur notre décision."
— Je ne me laisserai pas faire par la réponse de Monsieur Perrin ! a tempêté W.
Après, plus rien. Stand by.
Ca n'avance pas, je laisse tomber.
J'appelle le secrétariat, mon affaire est en cours, il faut patienter.
Je craque et j'envoie un recommandé avec accusé de réception :
"Maître, En l'absence de résultat et de nouvelles de votre part, je vous démissionne de mon affaire. Signé : AZ".
Allez hop, ce n'est pas la peine.
Aucune réponse, tant pis pour lui.

Cette fois, c'est moi qui vais choisir mon avocat, et non l'inverse.
Comme d'habitude, je fais défiler l'annuaire sur mon smartphone et je contacte Maître N.

Là, c'est plus avantageux : elle me propose 5 % ; je signe ; elle récupère mon dossier auprès de Maître W. Elle me demande de patienter une quinzaine de jours.

Quand, un matin, le téléphone sonne, c'est elle :
— Monsieur Ziani, j'ai une idée : on va vendre votre tableau dans une salle des ventes aux enchères, sans passer par la Fondation Wildenstein.
— Maître N., ne bougez pas, je vous prépare un recommandé.
L'affaire est pliée en cinq sec. Une salle des ventes avec une mention "attribué à" Renoir ! C'est presque un don ! Avec les frais et les taxes, le prix de l'œuvre ne rembourserait qu'à peine mes investissements ! Aucun rapport avec la valeur réelle : une histoire de 100 000€ tout au plus ! Et puis, j'ai tellement bien avancé les recherches que je soupçonne qu'aussitôt après une telle vente, une démarche réussie d'authentification pourrait être menée par.... son acheteur, quel qu'il soit et je ne peux nommer personne ! Une telle proposition n'est pas sérieuse. Aurait-elle contacté la Fondation Wildenstein qui l'aurait aiguillée sur cette solution ?

∞∞∞

Pour l'avocat suivant, Maître D-F, j'ai déjà l'habitude de signer des contrats d'avocat. Il réclame 5 % du tableau également, récupère mon dossier chez son prédécesseur, se renseigne de son côté et... trouve le moyen de m'envoyer un email :
"Monsieur Ziani, je serais d'accord pour vendre votre tableau dans une petite maison de ventes aux enchères."
Mon sang ne fait qu'un tour, je ne réponds même pas et j'envoie mon recommandé habituel avec accusé de réception. On arrête les frais après moins de deux mois.

Plus ça va, plus mes relations avec les avocats sont rapides.

∞∞∞

Pourtant, j'ai besoin d'être accompagné dans cette affaire. Je rédige une lettre explicative, preuves à l'appui. Les enseignants d'histoire de l'art surtout pourraient être très sensibles à mon histoire, surtout si la peinture est au programme. J'espère que l'Etat français va embrayer te qu'il voudra récupérer cette toile qui a disparu presque depuis sa réalisation. Je joins la carte postale des environs de Moret-sur-Loing - La Seine à Veneux-Nadon que j'ai fait venir du site marchand, la copie du rapport CIRAM, ainsi que le feuillet imprimé de l'Explication du Salon de Gallica. L'ensemble présente ainsi l'essentiel des résultats de mes recherches. C'est suffisant pour qui s'y connaît un peu en art. J'expédie le tout au Ministère de l'Education Nationale, 110, rue de Grenelle, 75007 Paris.

La réponse me parvient en 72 heures.

“Monsieur Ziani, nous accusons réceptions de votre dossier qui sera traité dans les meilleurs délais. Salutations, etc.”. Cette formule ne me dit rien qui vaille. Sans vouloir m'avancer, je crains que mon dossier ne soit classé définitivement.

∞∞∞

Il fait un soleil magnifique en ce printemps 2017. Mon affaire est restée en suspens du côté des avocats mais il peut quand même y avoir du nouveau. J'en parle autour de moi en toutes occasions, pour briser la loi du secret peut-être mais surtout parce que je n'ai pas d'autre solution pour avancer. Du coup, je garde l'oeil ouvert en prenant un café en terrasse pas très loin du marché. J'aime bien cette ambiance du dimanche matin au marché de Grand Clément, avec les légumes, les fruits, les fromages. Et qui vois-je en train de tracter pour les législatives ? Najat Vallaud-Belkacem, ministre de l'Education Nationale, de l'Enseignement Supérieur et de la Recherche ! Ni une, ni deux, je finis ma tasse et j'y vais. Elle a l'air déterminée depuis le temps qu'elle est engagée dans le gouvernement. De plus, elle aime l'art, c'est sûr. Elle distribue des tracts avec le sourire. Même si je ne suis spécialement inscrit à un parti politique, je m'approche.

— Bonjour, Madame Belkacem, avez-vous reçu mon dossier au sujet du tableau de Renoir ?

— Oui, Monsieur Ziani, mais vous savez, je ne suis pas en charge du Ministère de la Culture. Votre découverte est certainement passionnante. J'ai transmis au bon service et je suis convaincue que vous recevrez des nouvelles prochainement.

— Madame Belkacem, c'est vrai que j'ai reçu un accusé de réception mais depuis, plus rien.

— Il vous faut patienter, Monsieur Ziani...

— Avec tout cela, je ne sais pas si je vais voter pour vous !

Comme je fais demi-tour illico, je ne sais pas comment elle a pris ma remarque mi-figue mi-raisin. Elle a bien dû comprendre que je ne me faisais aucune illusion sur la réponse que je recevrai. L'art n'est pas au rang des préoccupations majeures, je crois.

Il me faut reprendre les choses en mains car l'officialisation d'une œuvre d'art, c'est trop complexe pour ne pas être encadrée par des experts, des gens qui s'y connaissent. Alors, je retourne aux résultats de recherche d'avocat. Le suivant est un cabinet, lyonnais cette-fois-ci. Maître L. accepte de m'accompagner : 5 % comme d'habitude mais 800 € de frais de dossier pour la prise en charge de l'affaire.

Puis un mois sans aucune nouvelle.

J'en ai marre. J'envoie mon recommandé comme d'habitude, pour démissionner le magistrat de cette affaire qu'il n'a visiblement pas le temps de résoudre.

∞∞∞

Retour à la recherche d'accompagnement juridique. Cette

fois-ci, je vais être plus précis pour ne pas tomber sur des gens qui n'y connaissent rien en peinture. Je tape : "Avocat spécialisé dans les affaires ou le droit du marché de l'art". Ça marche : dès notre premier contact, le cabinet de Maître D-A. et Maître D., de Bordeaux, prend la mesure de mon parcours.

Nous nous donnons rendez-vous dans le hall d'un hôtel de Saint-Exupéry, près de l'aéroport car ils viennent spécialement de Bordeaux. Le nHube se pose comme un établissement de luxe, élégant, raffiné, continental, avec des spécialités lyonnaises classe affaires. Cette ambiance n'est pas tellement bohème : elle s'apparente plus à celle des salles de ventes contemporaines. Nous commandons un petit déjeuner très smart : café, croissants, jus d'orange. Les avocats, en costume de ville, chemise blanche-cravate-chaussures vernies, ne cillent pas devant mon allure décontractée, plutôt assortie au final à mon tableau enveloppé de papier froissé, à force d'être trimballé. Je ne suis pas démonté par le standing : chacun ses goûts. Nous nous installons dans le hall, je leur montre mon tableau. Comme avec tous les autres avant, je raconte l'histoire, documents à l'appui et je récapitule mes pérégrinations avec leurs confrères. D'un air strict, sans s'autoriser le moindre écart, ils passent tout au crible. À eux deux, ils cherchent la faille, l'erreur. Ils m'interrogent pour recouper les renseignements et juger de ma bonne foi. L'un compulse les dossiers tandis que l'autre guide l'entretien. Maître D.-A. semble être le directeur du cabinet. De haute stature, il a des cheveux blancs mais le regard encore jeune. Il ne sourit jamais mais le ton grave de sa voix montre qu'il s'intéresse vraiment à mon parcours. Maître D. en revanche, se concentre sur les détails et m'interroge sur des points précis. A tel moment, que m'a dit exactement tel expert ? A-t-il eu une réaction d'agacement ? A-t-il laissé échappé un commentaire ? une remarque ? C'est vrai qu'une aventure pareille, ça ne s'invente pas. Je réponds le plus précisément possible, content d'être si bien pris au sérieux. Nous discutons pendant cinq heures d'affilée, nous réapprovisionnant en cafés.

À un moment, Maître D-A avise une femme très élégante, en tailleur bleu ciel, qui vient de se présenter au comptoir. Il lui demande de prendre une photo qui immortalise notre entretien. Dans ce cadre luxueux, je me sens plutôt rassuré : mon affaire est entre de bonnes mains. Je sais que les deux avocats ont pris mon parti. De leur côté, ils ont l'air plutôt contents aussi, voire très contents :

— Monsieur Ziani, nous sommes à vos côtés désormais. Ne manquez pas de nous avertir de tout fait nouveau. Nous allons entrer en négociation avec les responsables de l'Institut Wildenstein et nous espérons un rapide succès.

Il est 13 heures. Je remballe mon tableau et nous nous serrons la main avec enthousiasme.

Pour la peine, je vais casser une croûte dans une brasserie de l'aéroport. Allez, je choisis un pavé de saumon à l'aneth avec son gratin. Ce n'est pas tous les jours dimanche.

∞∞∞

Avec Maître D.-A., les affaires vont bon train. Dès le lendemain, mes avocats décident de s'occuper des contrats précédemment signés. En effet, une simple lettre recommandée ne suffit pas à clore un contrat et si jamais l'authentification est prononcée et la vente faite, leurs confrères délaissés pourraient resurgir pour réclamer leur dû. Je signe le contrat, à 10 % cette fois -il faut ce qu'il faut, et je croise les doigts pour que tout aille bien.

Le premier rebondissement ne tarde pas : rétention de documents ! Pour communiquer mon dossier, Maître L. exige 1800€. Avec le cabinet D.-A. & D., je ne m'étends pas trop sur la question mais je pense que les autres ont des tarifs similaires. Ils y sont de leurs propres deniers car je n'ai plus rien. Ils règlent les factures exigées, négocient peut-être privilégient la table rase. Quoiqu'il en soit, tout est réglé en un tournemain.

C'est encourageant, je trouve. Il y aura bientôt de bonnes nouvelles.

∞∞∞

En fait, plutôt pas. Aucune nouvelle.
J'attends.
J'appelle le secrétariat. Même réponse que d'habitude : "il faut patienter, Monsieur Ziani." C'est infernal.

Pour les aider un peu dans leur travail, je recontacte le cabinet Bernheim. En y réfléchissant, ce sont eux qui m'ont envoyé consulter les catalogues de la Fondation et malgré leur première réponse lapidaire, je me dis qu'ils pourraient quand même faire passer la vérité avant les questions d'intérêt financiers. Je ne m'attends pas à un excellent accueil alors je ne fais qu'annoncer mes intentions :
— Monsieur, je vais vous envoyer des éléments nouveaux pour l'authentification du Renoir. Je vous en souhaite une bonne réception.
Fort de ma nouvelle carte, je repars à l'assaut par envoi recommandé remis contre signature. Comme la première fois, c'est par courrier que la réponse me parvient :
"Monsieur, j'ai regardé les différents documents que vous m'avez adressés en recommandé avec AR à propos de l'œuvre "Clair de lune dans un paysage", huile sur toile, etc. Ces différents documents ne modifient pas les termes de ma lettre du 22 mai 2014, à savoir que notre opinion est très défavorable et que nous refusons d'étudier plus avant cette œuvre. Ma lettre clôt définitivement ce dossier."
Inutile de vous dire que je ne crois pas tellement aux sentiments distingués de Monsieur Dauberville, comme le voudrait la formule de courtoisie. Je me demande même : comment un expert peut-il clore un dossier qui n'a pas été ouvert, suite à l'envoi de mes preuves ? Ne serait-ce que par curiosité.

Au moins, on sait à quoi s'en tenir.
Du côté de mes avocats, c'est toujours le silence.
Pourtant, celle fois-ci, je sais qu'ils ont pris mon parti et qu'ils vont assurer jusqu'au bout. Je ne me trompe pas.
Déjà parce qu'après avoir fait le tour de plusieurs magistrats, ils me semblent les plus compétents et les plus impliqués. Et aussi parce que leur cabinet a quand même beaucoup investi. Pensez donc, ils m'ont racheté mes cinq autres contrats d'avocat ! Je suis sûr que c'est une preuve de succès à venir.

Cela dit, je trouve le temps de plus en plus lent. D'un naturel hyperactif, je n'aime pas attendre sans rien faire. Je gamberge.

C'est là qu'à force de patienter, il m'est venu une idée. Je vais nettoyer mon tableau au niveau des herbes, à l'endroit où le monogramme apparaît, et de cette manière, la preuve de la signature sera encore plus éclatante.

Quatrième partie : Janvier 2018 à ce jour

Chapitre 10

Jeux de regards ou comment saisir la balle au bond

Tous les spécialistes sont formels : on ne doit pas toucher une peinture à l'huile même très sale, et surtout ne pas utiliser d'alcool ou de dissolvant, bien sûr. Et de fait, depuis le début, je la laisse telle quelle, je ne tente même pas de souffler la poussière. En même temps, cette couche de crasse constitue sans doute une protection pour les couleurs originales. Pourtant, je voudrais bien révéler le monogramme dont personne n'a connaissance jusqu'ici - ni les experts, ni l'Institut Wildenstein. Voilà qui apporterait une pièce nouvelle irréfutable à mon dossier ! L'avantage d'habiter une grande ville, c'est que vous avez tout à portée de main. Je trouve illico sur Google l'adresse d'un magasin de restauration dans le 6ème arrondissement de Lyon. Un quart d'heure de voiture et le tour est joué.

La salle d'accueil est grande, remplie de tableaux à nettoyer en plus ou moins bon état. Par habitude, je jette un coup d'oeil de brocanteur pour évaluer leur valeur, mais je ne vois rien de transcendant. Le patron m'accueille; il est un peu bourru. Je lui explique l'histoire de la signature et du rapport d'expertise graphologique. Grosso modo, il comprend l'enjeu mais je m'aperçois bien qu'il me prend pour un doux rêveur. En tous cas, pour quelques centimètres carrés de nettoyage, le tarif de la prestation est abordable : une quarantaine d'euros. Il m'avance un siège au milieu des établis pour que je puisse patienter pendant les opérations et installe la toile sur sa table de travail, dans l'immense atelier. À une dizaine de mètres, je ne quitte pas mon tableau des yeux. Je les regarde faire. Sa collègue -sans doute diplômée et spécialiste du XIXème, vient lui donner un coup de main. Sauf qu'au lieu de s'intéresser au bas du tableau, là où les herbes abritent le monogramme, elle commence à faire le tour du cadre. Elle inspecte les flancs. "Tiens, c'est bizarre, pensé-je, mon tableau, je ne l'ai jamais regardé de cette manière". Même de loin, je comprends qu'elle cherche quelque chose. Pendant ce temps, avec des lingettes et des cotons-tiges, le restaurateur avance dans sa tâche. Tout à coup, elle s'approche de son patron et lui chuchote quelque chose à l'oreille. Il s'interrompt, et vient lui aussi observer le côté de la toile.Oh, oh, il y a un problème, on dirait. Deux autres employés s'approchent aussi pour examiner les bords.

Quelques minutes plus tard, le restaurateur vient me chercher.

— Monsieur Ziani, venez voir. Est-ce que ça vous va, là ?

Il désigne les trois centimètres carrés qu'il vient d'éclaircir. Je regarde la signature sur la partie nettoyée. Elle est plus nette en effet et le vert commence à être moins noir, il correspond mieux à la teinte naturelle de la végétation. Les traits des lettres et des herbes se distinguent beaucoup mieux. Très bien. Je donne mes quarante euros pour le petit morceau et juste avant de repartir, je me tourne vers la jeune femme :

— S'il vous plait, pourquoi avez-vous regardé de côté comme ça tout à l'heure ?

— Pour rien, juste comme ça.

Pas grave, je trouverai bien tout seul. Et je repars.

∞∞∞

Une fois chez moi, je scrute à mon tour les bords, centi-

mètre par centimètre. Pour mon châssis de 96 centimètres par 130, ça fait quand même presque trois mètres et demi de pourtour. Je pense à la restauratrice. Que cherchait-elle ? La toile est sale autour aussi, clouée dans le bois, avec un clou un peu rouillé tous les dix centimètres. Je tourne systématiquement. Les couleurs du tableau ont débordé sur les côtés, on peut dire que je parcours les nuances d'une palette où les bruns dominent, tantôt dissous, tantôt opaques. Jusqu'à ce que je tombe sur la vraie signature du peintre : P. A. Renoir !
Quelle découverte ! Pourquoi personne n'y a pensé auparavant ? Et pourquoi moi non plus d'ailleurs !
Je fonce téléphoner à mes avocats pour leur annoncer ma découverte décisive. J'ai l'impression d'avoir remporté le gros lot cette fois !
— Belle avancée, Monsieur. Mais il nous faut la confirmation écrite d'un expert...

Qu'à cela ne tienne, j'appelle Madame L.P.. Nous nous mettons d'accord. Enfin presque, car elle réclame encore 4 % du prix de l'œuvre authentifiée. Elle considère que sa trouvaille initiale du monogramme lui revient et que son service déborde largement le simple rapport d'expertise, évalué sinon à moins de 1000 €. Au lieu de la facture, elle voudrait établir une reconnaissance de dette ou un contrat spécial qui représente une part du prix de la vente du tableau. Elle ne perd pas le nord et confirme mon impression : je suis de plus en plus près du but ! Je ne vais pas perdre de temps à tergiverser et négocier son contrat. Je lui promets de la mettre en relation avec mes avocats, pourvu qu'elle puisse m'adresser son avis par écrit assez rapidement. Elle décide de venir à Lyon.

∞∞∞

Le jour dit, il fait un grand soleil. Je me sens fébrile et impatient, mais je reste lucide. Ce n'est pas le moment de commettre un impair. Avec la clé du coffre, j'ai récupéré mon tableau à la banque, soigneusement emballé comme toujours.. C'est tout un protocole sécurisé qui protège les trésors enfermés dans les coffres. Je pose l'œuvre sur les sièges arrières et me voilà parti pour le quai Saint-Antoine, le quai des bouquinistes, si vous connaissez Lyon. D'ailleurs, je pense que je devrais y passer un de ces quatre : je pourrais peut-être tomber sur un livre d'art pré-impressionniste où on parle de Renoir et de ses premières œuvres. Avec Madame P., nous nous rejoignons sur les quais, dans une brasserie lyonnaise, le Diplomatico. Depuis la terrasse, la vue sur la Saône est magnifique, avec le Palais de Justice des Vingt-Quatre Colonnes et la Basilique qui surplombe le quartier. À l'intérieur, les tables sont disposées le long des banquettes en cuir beige, dans un style à la fois traditionnel et moderne. De grandes sphères transparentes éclairent le bar. Cette ambiance me plaît bien. Madame P. est venue avec son mari, sûrement pour profiter du voyage et faire une visite de la ville ensuite. Je commande un diabolo fraise. Je déballe mon tableau et le tourne pour que le bord du cadre soit bien dans la lumière.

Il ne lui faut que quelques secondes pour confirmer. Il s'agit bien de la signature authentique. Nous ne nous éternisons pas. Je remballe mon œuvre, je finis ma limonade cul sec en me levant. Elle me serre la main :

— Ahmed, je t'envoie le rapport complet dans une semaine.

Son rapport complet, en date du 1er mars 2019, indique que "*l'arête supérieure du châssis contient également avec plus ou moins de netteté, la signature de l'auteur : A Renoir ou P Renoir. les initiales A et P se superposent comme une correction de l'auteur. Cette apposition de signature avait très certainement pour but d'éviter toute confusion au moment de l'exposition…*" La graphologue a comparé ce monogramme de *Soir d'été* avec celui qui est apposé sur le *Portrait de Léonard Renoir*, son père, datant de 1869 et clairement signé. Elle détaille :

- *Les trois premières lettres "Ren" sont liées.*
- *Les trois dernières lettres "o i r" sont juxtaposées.*
- *Le trait final du "r" minuscule se prolonge vers la droite.*

Par ailleurs, Madame L.P. relève les numéros d'enregistrement du tableau lors de son exposition : 22 26 28. Il serait intéressant de les comparer à ceux du *Portrait de William Sisley*, actuellement au Musée d'Orsay puisque les deux tableaux étaient exposés ensemble au Salon de 1865. Encore une piste à explorer : je range cette idée pour plus tard, à l'occasion. Il ne faut pas s'endormir sur ses lauriers. Le rapport indique aussi que les *"signatures et monogrammes multiples de Pierre Auguste Renoir (...) confirment le caractère instable de l'auteur décrit par son ami Bazille : "Il a un tempérament nerveux et inquiet""*.

Avec ces preuves supplémentaires, inconnues pour les spécialistes du monde de l'art que j'ai sollicités jusqu'à présent, mon dossier commence à prendre fière allure. Si les experts disent que j'ai faux, par rapport à la signature, là, je vais pouvoir prouver le contraire. Si j'ai faux, c'est qu'il y a un sacré problème !

∞∞∞

La clé de l'authentification, c'est tout de même la fondation Wildenstein qui la détient puisque leurs collègues, les Bernheim ont répondu deux fois par la négative et par courrier officiel. Je ne vais pas retenter le coup, ça suffit comme ça. C'est là que je me concentre vraiment sur l'Institut Wildenstein. C'est désormais ma seule chance. J'entre "Librairie Wildenstein" sur mon navigateur de recherches et je commence à faire défiler les résultats, sans distinctions, les sites, les vidéos, les images, tous les résultats. Jusqu'à ce que je tombe sur le bandeau décoratif qui présente les archives du WPI. Ce qui m'attire l'oeil au début, ce sont les étagères de livres en cuir brun, comme à l'époque. Puis je remarque les étiquettes insérées dans les ouvrages, comme des marques-pages. En zoomant, je mesure mon coup de chance :

sur l'étagère du haut, la plus visible en fait, bien au-dessus des initiales WPI, on peut lire distinctement "Salon de 1865". Le catalogue des toiles exposées au Salon est bien présent dans la bibliothèque de la famille Wildenstein ! Aucun doute ! Il suffit juste d'ouvrir ce livre à la bonne page pour infirmer ou confirmer l'authenticité du tableau que j'ai trouvé. C'est très simple, en réalité. Ce document d'époque n'a pas été détruit par la Commune comme d'autres livrets d'exposition et il suffit de le consulter.

∞∞∞

Je prends le temps de faire des courses avant de transmettre cette nouvelle pièce à conviction au cabinet D-A & D. Si nous sommes en présence de rétention caractérisée d'information portant préjudice au patrimoine français, il y a sûrement des voies légales. Qui risque quoi à cacher des preuves ? Espère-t-on que je craque ? Ce n'est pas mon style. Je n'ai pas fait tout ce chemin pour abandonner à deux pas du but. J'ai l'impression de jouer dans la cour des financiers qui n'obéissent qu'aux règles de l'argent. Et moi qui n'appartiens pas à ce cercle, je reste convaincu que la vérité doit être dite même si elle ne plaît pas à tout le monde. J'espère que mes avocats vont réussir à négocier correctement cette authentification. Non pas pour l'argent, même si ça compte aussi, mais pour la vérité artistique. Je serai fier de lier mon nom à *Soir D'été* si jamais cette affaire est menée à son terme. Dans l'histoire du patrimoine, il y aura ainsi un obscur opérateur de maintenance industrielle qui aura joué un rôle majeur dans la réapparition d'un chef-d'œuvre. Rien que l'idée me fait sourire.

Chapitre 11

Un raccourci, ça trompe énormément

Mener une enquête, c'est reprendre mille fois les pièces à convictions. Il se peut toujours qu'un détail échappe à l'attention, comme il est possible qu'un tableau de maître traverse plusieurs salles des ventes sans être repéré. On ne sait jamais : une lettre, un mot, une virgule pourraient changer la donne et redistribuer les cartes. Alors, je relis les rapports d'experts, les journaux, je rappelle les Archives Nationales au sujet de la gazette de la collection privée de Charles Le Cœur, qu'il se garde sous le coude comme il l'a indiqué dans son topo dans le Progrès de mai 2016.

C'est Nadia B., une archiviste que je remercie chaleureusement, qui me fait alors une suggestion intéressante :

— Vous devriez acheter le livre de cet historien Marc Le Cœur. Depuis, il a peut-être avancé dans ses recherches.

Ce qui me plairait, c'est qu'il ne garde pas sous le coude la gazette de l'époque qui évoque *Soir d'été*.

Qu'à cela ne tienne ! Je commande le bouquin sur internet.

Quand je reçois le livre de Le Cœur, je suis d'abord surpris par son format : un petit ouvrage cousu de 85 pages sur papier crème bouffant, tiré à 900 exemplaires. *Renoir au temps*

de la Bohème, l'histoire que le peintre voulait oublier est publié par L'Echoppe, un éditeur qui se consacre aux arts. Je le feuillette rapidement. La famille Le Cœur tient une grande place bien sûr, puisque l'historien d'art est le descendant direct de Charles Le Cœur, peintre lui-même et grand ami de Renoir. Le célèbre artiste est décrit comme passionné d'art, amusant lorsqu'il se lance dans des débats avec ses amis, au nombre desquels Thobois, Salles ou Rosselin, les habitués de Marlotte et de la table des Le Cœur. Il a la faveur des sœurs de la famille, même si d'autres convives, amateurs d'art peu sensibles à son style, le battent à froid. Ce temps de la bohème est placé sous le signe de la jeunesse et de la passion pour la peinture. J'aurais adoré vivre à cette époque ! L'ouvrage, bien documenté, est chronologique, ce qui va de soi... Petit à petit, ma lecture me rapproche de l'année qui m'intéresse. J'emmagasine les détails, on ne sait jamais, la moindre indication peut-être précieuse, jusqu'à ce je tombe sur la page 59 :

[Les deux sœurs Le Cœur] "se désolent quand il est refusé au Salon et se réjouissent quand il parvient à vendre un tableau (Voir note 3), mais aucune d'elle (sic) pourtant, ne posera jamais pour lui."

La note 3 indique :

"C'est le cas en août 1866 quand Renoir vend pour 500 francs à "un grand banquier allemand" un tableau représentant une "partie de bateau au bord de la forêt" (E. Adam, op.cit.) Ce tableau est sans doute La Sortie en canot, daté précisément de 1866 (Coll.part. ; voir Barbara Ehrlich White, Renoir, Paris, Flammarion, 1985, p.19)."

Alerté par la description, je bondis !

Une partie de bateau au bord de la forêt : bien sûr ! La rivière, le canot, le flambeau, les arbres ! Tout y est !

Mais qu'est-ce que c'est que cette autre *Sortie en Canot* ?

Une navigation expresse via Google va me renseigner. Bingo : *La Sortie en canot* est bien répertoriée sur un site en anglais qui présente toute une sélection de reproductions et propose une recherche chromatique : vous choisissez une nuance et les résultats associent les palettes similaires. Cela confirme bien qu'en 1866, la palette du peintre était très sombre, avec beaucoup de noir. Bref. Hormis la rivière qui serpente entre les arbres, le tableau n'a pas de points communs avec le mien : c'est en pleine journée, trois femmes et deux hommes s'apprêtent à embarquer sur un canot.

Ce que je voudrais savoir, c'est ce qu'est devenue *La Sortie en canot* de 1866. Je suis sûr que les parcours des tableaux de Renoir sont liés et l'acheteur de l'un pourrait aussi avoir acquis l'autre, ma *Soirée d'été*, par exemple... Qui sait ? Dans ce cas, une seule adresse : les Archives Nationales !

En l'occurence, je dois m'adresser aux Archives du Musée d'Orsay. Comme j'ai souvent - voire un peu trop souvent, je l'avoue, sollicité leurs services ces dernières années, ils ne répondent plus du tout à mes demandes. Comme qui dirait, je suis blacklisté. Mon compte numéricable *faoziani* est donc à bannir si je leur envoie un message. Qu'à cela ne tienne, je vais créer un autre, avec un nom tout à fait différent. Je compile les prénoms de mes enfants pour que ma nouvelle adresse me porte chance et quitte à mentir, j'y vais gaiement :
"Bonjour, ma fille fait des études d'histoire de l'art. Auriez-vous l'amabilité de m'indiquer qui est l'acquéreur du tableau *Sortie de Canot* de Renoir ?"
J'envoie ma question à 11h. La réponse me parvient à 14h. Comme quoi, j'ai bien fait.
"Monsieur, ce tableau appartient à une collection privée. L'acheteur de *La Sortie en canot* est Monsieur Plantet, en 1866."
C'est clair : Marc Le Cœur s'est trompé, ou plus précisément il a pris un raccourci fatal, avec un "sans doute" approximatif. Cela change tout pour moi et pour la vérité historique. Les parties de pêche, de canot, de campagne sont peut-être fréquentes à cette époque-là, mais il est important, surtout du point de vue de l'histoire de l'art, de pouvoir établir des parcours précis. Voici la bonne hypothèse : le même jour de l'année 1866, Pierre-Auguste Renoir a vendu deux tableaux à deux acquéreurs différents : le banquier et Monsieur Plantet. Or, si le riche banquier de Marc Le

Cœur n'a pas acheté *La Sortie en canot*, c'est donc qu'il a acquis une autre toile... Vous me suivez, n'est-ce pas ? Habitant Willgottheim - tiens, quelle coïncidence, une commune alsacienne, jadis allemande et aujourd'hui française, ce banquier devait avoir une maison de campagne, une résidence secondaire qu'il a enrichie de tableaux de maître. Lorsque la guerre a éclaté en 1870, il a laissé la maison telle quelle, il a dû décamper en urgence laissant sur place des œuvres inestimables - ou peut-être que des pillards s'en sont emparé. Et donc, en plein milieu des bombardements, des pillages, de la guerre 14-18, on perd la trace de *Soir d'été*...

Toujours est-il que le tableau de Renoir est resté avec d'autres dans le secteur, aux alentours de Willgottheim, jusqu'à ce que mon brocanteur le prenne dans un lot de dix-neuf autres toiles. Si ça se trouve, les autres ont été reconnus, peut-être authentifiés, puis rachetés, dispersés... Quand les commissaires-priseurs ont récupéré le lot, ils ont peut-être découvert des merveilles, tandis qu'à première vue, on ne se doute pas que mon tableau est un Renoir. Trop noir. *Soir d'été* n'est passé au travers des mailles du filet que parce qu'il correspond à sa période pré-impressionniste, qui est moins connue, finalement. Et voilà comment cette toile pourtant très connue est restée tant d'années perdue avant de resurgir en 2014... Au contraire de la *Sortie en Canot* de Monsieur Plantet, acquéreur avéré, localisée depuis le début dans sa collection privée.

Les pièces de mon puzzle se mettent en place progressivement. Je croise les doigts.

Que mes déductions infirmant les suppositions erronées de l'historien d'art soient justes, c'est une chose.

Les faire admettre à la fondation Wildenstein en vue de l'authentification de *Soir d'été*, c'en est une autre.

Mon cabinet d'avocat me demande de patienter.

Comme d'habitude.

∞∞∞

LES INSTITUTS
WILDENSTEIN & BERNHEIM JEUNE
EXPERTS EN ART XIXÈME

C'est d'abord le patriarche Nathan, qui a fondé la maison en 1890 pour mettre en valeur la peinture française du XIXème siècle. Il réussit si bien qu'il ouvre une galerie à New-York en 1905 et une autre à Londres en 1925.

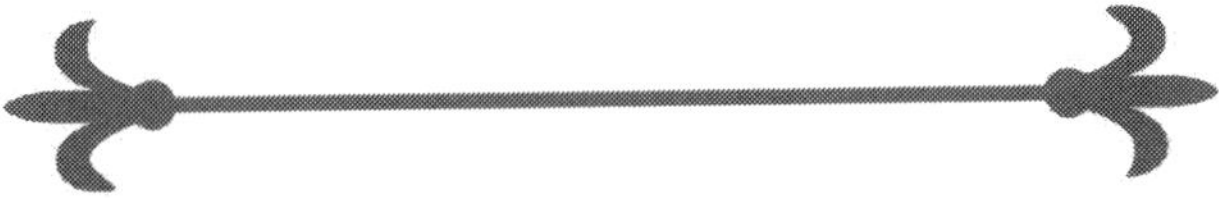

Faire entrer Soirée d'été au catalogue raisonné des oeuvres de Renoir, ce serait l'idéal !

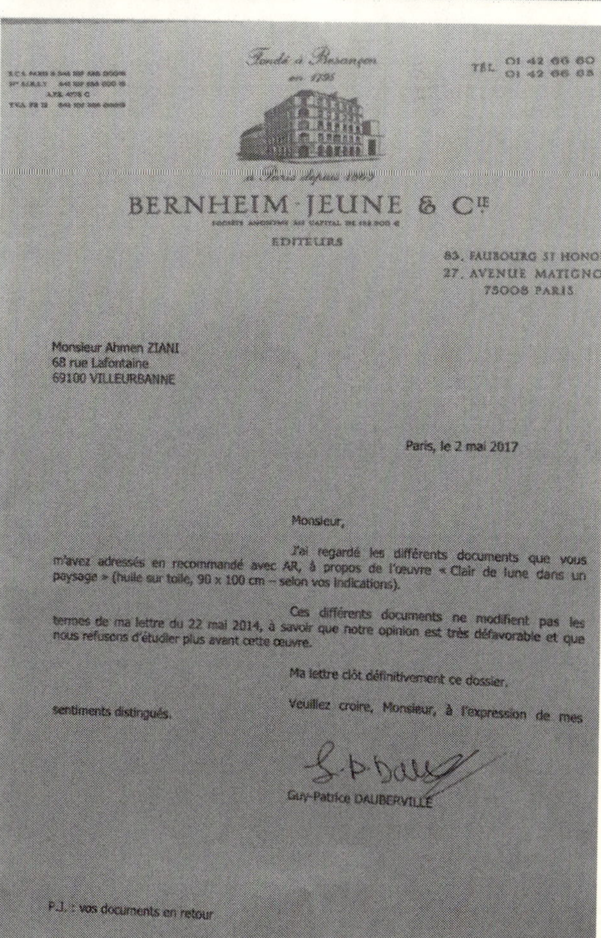

Fondé à Besançon

BERNHEIM-JEUNE & Cie

EDITEURS

TÉL. 01 42 66 60
01 42 66 65

83, FAUBOURG ST HONO
27, AVENUE MATIGNO
75008 PARIS

Monsieur Ahmen ZIANI
68 rue Lafontaine
69100 VILLEURBANNE

Paris, le 2 mai 2017

Monsieur,

J'ai regardé les différents documents que vous m'avez adressés en recommandé avec AR, à propos de l'œuvre « Clair de lune dans un paysage » (huile sur toile, 90 x 100 cm – selon vos indications).

Ces différents documents ne modifient pas les termes de ma lettre du 22 mai 2014, à savoir que notre opinion est très défavorable et que nous refusons d'étudier plus avant cette œuvre.

Ma lettre clôt définitivement ce dossier.

Veuillez croire, Monsieur, à l'expression de mes sentiments distingués.

G-P Daub

Guy-Patrice DAUBERVILLE

P.J. : vos documents en retour

Quand j'y repense, c'est le "sans doute" de Marc Le Cœur

qui brouille les pistes. Il suffirait d'un rien pour nous éclairer : publier la description du tableau dans la gazette qu'il garde "sous le coude". Et lui qui évoque un "plantureux paysage " au "soleil couchant"... Qu'est-ce que je pourrais bien faire pour avancer mon affaire ?

J'appelle l'institut lyonnais de météorologie :

— Bonjour, je suis Monsieur Ziani et je voudrais des renseignements concernant la couleur des reflets dans l'eau les soirs d'été avec la pleine lune...

Ma question n'est pas habituelle. Mon interlocuteur ne se laisse pas impressionner pour autant et il me fait préciser ma demande : latitude, longitude, date, orientation. Je garde mon plan d'état-major à l'esprit et je le compare avec les souvenirs de ma visite à Veneux-les-Sablons. Je réponds aux questions du météorologue et je prends conscience d'une évidence : lorsqu'il exécute *Soir d'été* en l'an 1864, Monsieur Pierre Auguste Renoir est assis sur le ponton. Or, la Seine coule direction Nord-Est. Le soleil se couche à l'Ouest, sauf dérèglement astronomique. Donc, impossible de voir l'astre du jour descendre sur la rivière ! CQFD.

J'en profite pour lui parler teintes, couleurs, reflets pré-impressionistes, ce qui tombe bien car c'est un amateur d'art lui aussi. Ce qu'il aime surtout, ce sont les ciels - évidemment. Je finis par lui envoyer plusieurs clichés de ma toile. Sa conclusion est claire : nonobstant la crasse, il s'agit bien d'un clair de lune aux tons chauds, et non pas d'un coucher de soleil. Ce phénomène naturel peut être observé dans la forêt de Fontainebleau, en été.

Les remarques du météorologue lyonnais confirment bien mes conclusions... Si les experts se trompent, c'est qu'ils disposent d'un cliché noir et blanc ou plutôt sépia et qu'ils n'ont pas pris la peine de vérifier l'orientation de la confluence entre la Seine et le Loing. Encore une erreur qui peut être facilement rétablie. Mon dossier s'enrichit tous azimuts. Tout concorde. Ce qui serait bien maintenant, c'est que je puisse retrouver la trace de l'achat de l'œuvre par le banquier allemand, dans l'année qui suit le Salon.

ꝏꝏꝏ

Toute cette histoire me trotte en permanence dans la tête. À force d'y penser, j'en oublie même le temps qui passe. L'heure du dîner est largement passée et je n'ai pas pris le temps de m'arrêter. Je me prépare une frite-omelette que je mange vite-fait avant de reprendre ma navigation internet. Mille fois sur le métier, on remet son ouvrage, aurait dit La Fontaine en son temps. Je recommence à éplucher les données sur la Société Nationale des Beaux-Arts sous le Second Empire. La photographie était en plein essor. Mes recherches m'emmènent au cœur de cette nouvelle technique : l'héliographie, Niepce, Daguerre, Arago, la mode du daguerréotype, le calotype, le procédé négatif/positif : les balbutiements du huitième art vont changer la donne. Pourtant au XIXème siècle, les peintres gardent le monopole de la couleur et on n'est bien loin du cliché instantané. L'effet de mode est indéniable, surtout dans la bourgeoisie parisienne qui court poser pour se faire photographier. La mission héliographique de 1851 est composée d'Hippolyte Baillard, de Gustave Le Gray, d'Auguste Mestral, d'Edouard Balduset, d'Henri Le Secq. Ces cinq artistes sont chargés de photographier le patrimoine français. Il se pourrait qu'il existe un cliché du Salon de 1865 - ou même d'une autre exposition où *Soir d'été* apparaîtrait.

Grâce à un photographe passionné d'archives, je retrouve la trace de mon tableau dans une galerie. Je plisse les yeux devant les pixels brouillés par le zoom. Il y a bien un cliché lié à la rétrospective d'Ingres qui montre la grande salle du Petit Palais avec une enfilade de tableaux fixés aux murs sur plusieurs niveaux, selon leur format. En cherchant bien, on distingue, au fond, la lune en plein centre d'un paysage. Mais à cause de la perspective, ce n'est pas assez clair. La photographie ancienne de cette galerie de tableaux n'est ni datée, ni signée. Je pense à une rétrospective consacrée à l'œuvre d'Ingres, peintre inclassable dont la renommée en France et en Italie n'a pas d'égale à cette époque. En pleine gloire, il est admiré autant des modernes que du public pendant les dernières années de sa vie et a influencé la peinture moderne, notamment Picasso qui a été, comme beaucoup d'autres artistes, inspiré par son *Bain turc*.

Je ne peux pas exactement définir le sentiment que j'éprouve lorsque je découvre ce nouvel indice : c'est comme une intuition mais aussi une certitude absolue. J'agrandis le cliché publié sur le site de l'artiste jusqu'à la limite du flou. *Soir d'été* est au fond, accroché en bas du mur en raison de son format moyen, avec la lune en plein milieu. Je le reconnaîtrais entre mille.

GARDONS L'OEIL OUVERT
ET L'OREILLE ATTENTIVE
2018

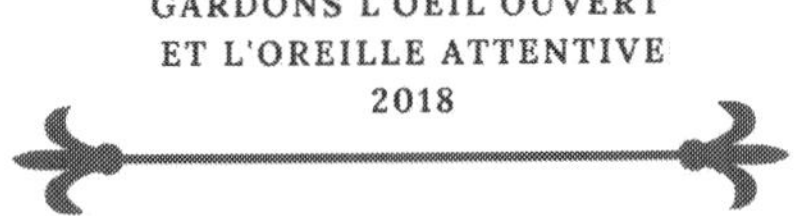

La photographie ancienne de cette galerie de tableaux n'est ni datée, ni signée.
Je pense à une rétrospective consacrée à l'oeuvre d'Ingres.

Dommage, ce n'est pas moi qui fais autorité en histoire de l'art.

— Monsieur Ziani, c'est un peu tiré par les cheveux, bougonne mon avocat. Ce cliché ancien, aux couleurs sépia, ne permet pas une identification satisfaisante. De plus, nous ne disposons d'aucunes données complémentaires sur cette rétrospective. Ingres est mort en 1867. C'est peut-être à cette occasion que ces tableaux ont été exposés... Il vaut mieux vous concentrer sur le Salon de 1865.

Tant pis pour moi. Je n'en pense pas moins mais ce n'est pas moi qui fais autorité en histoire de l'art.

Chapitre 12

Un jour, mon tour viendra

Obtenir au moins un avis favorable de Bernheim Jeune ou Wildenstein, ce n'est pas compliqué. Surtout quand on a les catalogues. Bref. Pourtant, il me faut patienter, ça, je le sais bien. Et quand je fais le compte de tous ceux qui m'ont accompagné et qui me soutiennent encore, les amis, les avocats, la banque, je me dis que mon affaire n'est pas si mal engagée que cela en fait. Même si aujourd'hui, je ne peux pas affirmer que j'obtiendrai gain de cause, ce dont je suis sûr, c'est que j'ai fait tout ce qui est en mon pouvoir pour avancer dans cette aventure. J'ai même accepté un entretien avec une jeune cinéaste pour qu'elle produise un court-métrage sur cette histoire. Ou peut-être un long métrage. Tout dépendra de la vente du tableau.

En fait, j'ai toujours refusé de vendre cette œuvre, même à cinquante ou cent mille euros, car je suis persuadé que l'authentification ne tarderait pas, une fois que je l'aurais bradée. Et c'est pour cela que j'essaie d'être patient. Et puis, quel rêve de pouvoir accéder une authentique reconnaissance. Et dans la vie difficile qui a toujours été la mienne, je trouverai un grand réconfort à gagner une somme qui mettrait ma famille entière à l'abri du besoin : plus de loyers, plus de fins de mois difficiles, plus de dettes ni d'interdits bancaires, plus de créanciers insistants. Et la joie de pouvoir accéder, à mon tour, aux meilleures maisons de ventes aux enchères en France : Artcurial, Sotheby's ou Christie's. S'il y a cet avis favorable qui vaut authentification, ce sont les avocats qui seront chargés d'obtenir les taux les plus bas. Pour le grand public, ces diverses tractations restent en coulisses. Au contraire, les amateurs d'art connaissent les ficelles de ce métier de grand luxe. Par exemple, la plupart des ventes sont négociées à 18 %, c'est-à-dire 18 % pour le vendeur et 18 % pour l'acheteur. Une salle des ventes gagne ainsi plus d'un tiers de la valeur de l'objet acquis. Seulement il faut savoir que la peinture impressionniste bénéficie en général d'un pourcentage moindre : 7 % ou 8 %. C'est un usage que seuls les initiés connaissent. Ensuite, plus une œuvre est chère, plus elle fait augmenter la notoriété de la salle des ventes et lui attire une clientèle fortunée. C'est ce qui c'est passé pour *Le Bal du Moulin de la Galette,* cette célèbre scène de Renoir, adjugée à New York, pour 78 millions de dollars par Sotheby's le 17 mai 1990 à un riche industriel japonais, Ryoei Saito, je crois. À l'époque, Renoir avait peint deux toiles dont la plus grande est exposée au Musée d'Orsay. Au milieu des années 1870, l'artiste s'est attaché à représenter l'atmosphère joyeuse et tourbillonnante qui régnait alors dans la guinguette de la butte Montmartre. Les effets de lumière et de flou rendent bien la douceur de ces moments de fête. À trente-cinq ans à peine, il s'engage avec les impressionnistes dans un traitement particulier de la lumière : lumineuse et légère, sa toile en devient presque musicale. Il y a une nette évolution dans son style. Parce qu'au début de sa vie de peintre, il imitait plutôt les paysages de Rousseau, Théodore Rousseau. D'ailleurs, pour tirer davantage d'argent de la vente des toiles, Diaz de la Peña faisait passer les tableaux de son jeune ami Renoir pour des Rousseau, c'est ce que Julie Manet, la fille de Berthe Morizot - Vous savez la *Femme au Balcon*, a noté dans son journal en 1995. Trente ou quarante ans plus tard, c'est exactement l'inverse : les gens achetaient des Rousseau en croyant acquérir un authentique Renoir ! On comprend pourquoi le marché de l'art connaît souvent des revirements et des envolées. Pour en revenir au Moulin de la Galette, il n'y a pas de doutes : la renommée de ce tableau célèbre fait aussi celle de la salle de vente aux enchères. C'est pourquoi il faut rester attentif aux mises en vente : on voit qui est bien coté, qui sont les richissimes acheteurs - sou-

vent des étrangers d'ailleurs... Je suis aussi les grands peintres du XVIIème au XIXème. Par exemple, *Le garçon à la pipe* de Picasso a été adjugé à 105 millions de dollars hors taxes en 1995 ! Et vous ne diriez pas qu'il s'agit d'un Picasso, c'est une œuvre de jeunesse pendant sa période rose : le modèle en bleu de travail a une pose plutôt décontractée sur un fonds décoré de fleurs, de gros bouquets de roses. Ou encore, *Le Cri* d'Edvard Munch, qui est une œuvre plutôt "expressionniste". Le personnage, la bouche ouverte comme pour un cri muet, tient sa tête entre ses mains et ondule comme le paysage autour de lui. Le cri traverse le tableau et se déverse sur le spectateur. L'une des quatre versions, un pastel sur carton, a été adjugée pour 119,9 millions de dollars en mai 2012 chez Sotheby's.
Si vous suivez un peu les actualités de l'art, vous voyez tout de suite à combien les chefs-d'œuvres sont estimés et surtout comment les enchères s'envolent ! Et la meilleure vente que j'ai vue en transmission Youtube, c'est celle de *Salvatore Mundi* chez Christie's : estimé à 90 millions de dollars au début, il a été adjugé à 400 millions auxquels s'ajoutent 50 millions de dollars de taxes. Le prix a quadruplé en moins de 20 minutes.
"C'est la magie Léonard de Vinci et je suis fier d'avoir réalisé cette vente. Une telle occasion n'arrive qu'une seule fois dans une carrière, affirme en substance le commissaire priseur, Jussi Pylkkannene de la Maison Christie's. Ce prix énorme est d'autant plus extraordinaire que l'œuvre n'est pas formellement authentifiée et d'aucuns prétendent même qu'elle serait à attribuer à Bernard Luini, peintre lombard, élève de De Vinci. Quoiqu'il en soit, elle est désormais au Louvre Abu Dhabi qui a ouvert ses portes en 2007, grâce aux efforts diplomatiques conjugués des Musées de France et des Emirats Arabes Unis. Pour ma part, j'aimerais bien que les annonces pour l'acquisition de mon *Soir d'été* s'envolent comme ça ! J'imagine que je serai dans la salle des vente, au fond, anonyme et que ce sera un moment formidable à vivre. Avant d'en arriver là, il faut pourtant suivre toutes les étapes de la mise sur le marché d'un chef-d'œuvre.

Après avoir négocié un contrat au meilleur taux, le vendeur apporte alors son tableau dans la Salle des Ventes de son choix, qui s'occupe de la restauration de la toile et de son cadre. Pas question de présenter des œuvres encrassées ! Pendant ce temps, elle prépare aussi les catalogues, de magnifiques brochures de luxe qui mettent parfaitement les objets d'art en valeur. Les ventes ont lieu plutôt à la belle saison, au printemps. De nombreux touristes viennent à Paris ou à Londres tout spécialement pour les suivre et avoir le cœur qui bat quand les enchères s'emballent. Quelques jours avant la mise en vente effective, on peut voir les œuvres proposées. C'est une belle occasion pour les amateurs qui ne peuvent pas s'en offrir à titre personnel. Même dans les petites salles, la mise à prix de jolis tableaux démarre à 3 ou 4 mille euros. Ce n'est pas sur le Bon Coin, là ; c'est bien trop cher pour moi. Enfin, ça l'était jusqu'à présent.

Le jour de la mise en vente, le commissaire priseur fait les annonces et au fur et à mesure les “gilets rouges”, le personnel en livrée et en gants blancs, apportent les œuvres. D'ailleurs, c'est en référence à cet uniforme qu'on parle d'une vente en “gants blancs” quand tous les lots d'une vente sont attribués. Pour les grandes œuvres internationales, en plus des hommes d'affaires et des amateurs privés, tous les musées du monde sont représentés. La salle est parfois remplie de plusieurs centaines de personnes.

Les acheteurs potentiels se répartissent les espaces : certains sont assis dans la salle quand d'autres, un peu à l'écart, reçoivent des consignes par téléphone depuis le monde entier. C'est parce que tous les acquéreurs en puissance ne peuvent pas se déplacer ou alors qu'ils souhaitent rester anonymes. D'un regard qui balaie l'assemblée en permanence, le commissaire-priseur interprète les signes, les clins d'oeils, les mains qui se lèvent plus ou moins discrètement. Par ses paroles, il encourage la foule aussi, il cherche à canaliser la tension du public vers la décision d'achat. Il règne une atmosphère de casino quand les chiffres augmentent et que d'immenses fortunes s'affrontent. Les propositions grimpent de plus en plus vite. Au début, les écarts sont au minimum, un million que l'on arrondit parfois puis lorsqu'on dépasse les 100 millions, on augmente de 10 ou 25 millions à la fois.

∞∞∞

Mon enquête touche à sa fin. Je reste à l'écoute de tout ce qui peut être publié sur le net, je reste à l'affût de nouvelles œuvres, de nouvelles informations sur l'art, de nouvelles ventes. Mais en ce qui concerne ma *Soirée d'été*, le nombre de preuves, de documents et de recherches concordants suffit à prouver, je crois, l'authenticité de la toile. Et puis, des experts, des médias, et même des banquiers me suivent sans conditions : c'est une belle preuve aussi, non ?

Ce qui me ferait plaisir, avec *Soir d'été*, c'est que le Musée d'Orsay puisse l'acheter pour qu'il rejoigne le *Portrait de William Sisley* puisqu'ils ont été présentés tous les deux au Salon de 1865... ou sinon, si la France ne l'achète pas, qui pourrait en être acquéreur ? La Chine ? Le Japon, comme pour le *Moulin de la Galette* ? Les Emirats, pour le Louvre Abu Dhabi ? Les Américains, peut-être ? Ou alors les Anglais, qui apprécient beaucoup le XIXème siècle ? Les Allemands aussi sans doute, sachant son origine... Puisque c'est un Allemand qui l'avait acquis au départ. Ce serait l'occasion de le récupérer ! Willgottheim était allemande jusqu'en 1914... Pour *Soir d'été*, un tableau de la période pré-impressionniste d'un artiste reconnu, une œuvre de garde, j'imagine que la mise à prix peut atteindre 20 à 25 millions d'euros. À partir de là, les enchères peuvent s'envoler. Je l'espère.

Après la vente de mon tableau, je rêve d'une galerie d'art à Lyon. Exposer de jeunes artistes qui se lancent tout juste dans la peinture, donner leur chance aux “refusés”, comme le faisait Courbet. Il louait un petit local et il exposait ses amis, entre autres. Et en parallèle, organiser des ventes de tableaux plus anciens, des peintres du XVIIème, XVIIIème, XIXème, des orientalistes... Les gens viendraient, visiteraient et achèteraient si cela leur plaît.

Je m'installerais Place Bellecour, là où il y a du monde. Je choisirais des paysages, des portraits, des scène de vie, des soirées dansantes au bord de la forêt de Fontainebleau.

J'achèterais des Vernet, des Majorel, ce grand peintre orientaliste, des Manet, des Monet, des Corot, des Sisley, des Bazille... sans oublier Diaz de la Peña, tous les peintres que j'aime.

Je pourrais enfin me présenter vraiment comme je suis : amateur passionné par la peinture du XVIIème au XIXème.

Quoiqu'il arrive, j'attends l'authentification.

Lyon - Villeurbanne - la Duchère,
Novembre 2019.

Sources internet

L'écriture de ce récit a permis de retrouver les sites ressources. Ce n'est bien entendu qu'un aperçu des heures de recherches effectuées pour parvenir à ce résultat.

Chapitre 1 :

- Wikipédia - Liste des tableaux d'Auguste Renoir : https://fr.wikipedia.org/wiki/Liste_des_tableaux_d%27Auguste_Renoir
- Wikiart - Encyclopédie des Arts visuels - Entrée "Pierre-Auguste Renoir" :

https://www.wikiart.org/fr/auguste-renoir

- https://www.rivagedeboheme.fr/pages/arts/peinture-19e-siecle/auguste-renoir.html
- La composition de la palette de Renoir : http://techniquedepeinture.com/la-composition-de-la-palette-couleurs-de-choix

Chapitre 2 :

- Le Bon coin / Recherches diverses dont "Tableau impressionniste" : https://www.leboncoin.fr/recherche/?text=tableau%20impressionniste
- Les Puces du Canal : https://www.pucesducanal.com/

Chapitre 3 :

- Paris incendié par la Commune : https://www.histoire-image.org/fr/etudes/paris-enflamme-commune
- Portail Gallica, *Explication des ouvrages de peinture et dessins, sculpture, architecture et gravure des artistes exposés au Salon de 1865* : https://gallica.bnf.fr/ark:/12148/bpt6k497555/f308.item.
- L'espionne aux tableaux, Rose Valland http://www.fondationshoah.org/memoire/lespionne-aux-tableaux-rose-valland-face-au-pillage-nazi-un-film-de-

brigitte-chevet

- Création de la Mission de recherche et de restitution des biens culturels spoliés entre 1933 et 1945 : https://www.culture.gouv.fr/content/download/214580/2250009/version/3/file/20190605_MC-CP-Mission%20M2RS.pdf
- Office Central de lutte contre le trafic des Biens Culturels : https://www.police-nationale.interieur.gouv.fr/Organisation/Direction-Centrale-de-la-Police-Judiciaire/Lutte-contre-la-criminalite-organisee/Office-central-de-lutte-contre-le-trafic-de-biens-culturels
- Emission France 3 - *Une statue de Polichinelle signée Pierre Granet ?* - https://france3-regions.francetvinfo.fr/auvergne-rhone-alpes/info/une-statue-de-polichinelle-signee-pierre-granet—72636050.html
- CIRAM - Science for Art Cultural Heritage - http://www.ciram-art.com

Chapitre 4 Les experts *ou certifier n'est pas jouer*

- Les archives nationales de Paris : http://www.archives-nationales.culture.gouv.fr/fr/web/guest/missions-et-organisation;jsessionid=72B4DC4D0690FD738132EE67C232F117
- Le département Art et archéologie de la Sorbonne : http://lettres.sorbonne-universite.fr/art-et-archeologie

Chapitre 5 :

- La Gazette Drouot - Calendrier des ventes, enchères à la une, marché de l'art, Art et parimoine, Personnalités : https://www.gazette-drouot.com
- Publications Wildenstein : https://wpi.art/legacy/
- Visite du Louvre : Prise de Constantinople par les croisés, d'Eugène Delacroix - http://cartelfr.louvre.fr/cartelfr/visite?srv=car_not_frame&idNotice=22744
- Description du Salon de 1865 par Maxime Ducamp : https://fr.wikisource.org/wiki/Le_Salon_de_1865
- La famille Renoir : http://www.apophtegme.com/ALBUM/renoir.htm
- Le Groupe de Marlotte : http://www.apophtegme.com/

ARTS/groupe-marlotte.htm

Chapitre 6 :

- Renoir et l'Algérie : http://www.algeriades.com/auguste-renoir/article/renoir-and-algeria
- Carte postale ancienne de Veneux- Nadon : https://www.fortunapost.com/77-seine-et-marne/10356-carte-postale-ancienne-77-veneux-nadan-pecheuse-sur-bords-de-seine-1908-impeccable.html
- Carte postale ancienne de Veneux-les-Sablons : https://www.geneanet.org/cartes-postales/view/365743#0
- Carte postale ancienne de Saint-Mammes - : https://cartespostales.eu/saintmammes/88123-SAINT_MAMMES_-_Les_Roches_Courteau_-_tr_s_bon__tat.html

Chapitre 7 :

- Le chemin du Luzin : https://www.repro-tableaux.com/a/claude-monet/le-chemin-dans-la-foret.html
- Les Beaux-Arts aux expositions universelles de Paris - Le Pavillon d'Ingres - *Sur les traces des expositions universelles, Paris,1855 - 1937,* par Sylvain Ageorges aux éditions Parigramme.

Chapitre 8 :

- Le fil rouge du Progrès : https://www.leprogres.fr/fil-rouge
- Le Progrès - 05/05/2016 : https://c.leprogres.fr/rhone/2016/05/05/un-renoir-perdu-retrouve-a-villeurbanne
- Le Progrès - 06/05/2016 : https://c.leprogres.fr/rhone/2016/05/06/aurait-il-retrouve-soir-d-ete-un-renoir-de-1864-perdu
- Europe 1 - 06/05/2016 : https://www.europe1.fr/culture/un-tableau-de-renoir-disparu-retrouve-a-villeurbanne-2737945
- BFMTV - 06/05/2016 : https://www.youtube.com/watch?v=kY_bRfhxJjw
- France Info - 06/05/2016: https://www.francetvinfo.fr/france/villeurbanne-un-homme-pense-avoir-achete-un-tableau-de-renoir-sur-le-bon-coin_1438483.html

- LCI - 06/05/2016: https://www.lci.fr/culture/renoir-la-trouvaille-qui-vaut-de-lor-1257861.html
- La dépêche : https://www.ladepeche.fr/article/2016/05/06/2339186-villeurbanne-pense-avoir-achete-tableau-renoir-bon-coin.html
- Le point Culture - 06/05/2016 : https://www.lepoint.fr/culture/a-t-on-vraiment-retrouve-une-des-premieres-toiles-de-renoir-06-05-2016-2037516_3.php
- RTL - 06/05/2016 : https://www.rtl.fr/actu/futur/le-bon-coin-un-homme-pense-avoir-achete-un-tableau-perdu-de-renoir-7783118922
- Twitter Le Progrès : https://twitter.com/le_progres/status/728306292482248704
- Le Progrès - 07/05/2016 : https://c.leprogres.fr/lyon/2016/05/07/le-renoir-de-villeurbanne-va-etre-authentifie
- France Inter - 08/05/2016 : https://www.franceinter.fr/societe/villeurbanne-le-tableau-va-etre-expertise
- Le Progres - 12/05/2019 : https://c.leprogres.fr/france-monde/2016/05/12/le-renoir-de-villeurbanne-soumis-a-l-epreuve-des-historiens-de-l-art
- Le Dauphiné - 26/05/2016 : https://www.ledauphine.com/insolite/2016/05/26/le-renoir-du-grenier-de-villeurbanne-est-un-faux
- Le Progrès 18/01/2019 : https://c.leprogres.fr/rhone-69-edition-villeurbanne-et-caluire/2019/01/18/il-continue-d-affirmer-que-son-tableau-est-un-renoir-et-apporte-une-nouvelle-preuve
- Le Progrès pour sortir - 19/01/ 2019 : https://c.leprogres.fr/sortir/2019/01/19/il-y-a-trois-ans-on-lui-affirmait-que-son-tableau-n-etait-pas-un-renoir
- Lyon Mag - 06/02/2017 : https://c.leprogres.fr/rhone-69-edition-villeurbanne-et-caluire/2019/01/18/il-continue-d-affirmer-que-son-tableau-est-un-renoir-et-apporte-une-nouvelle-preuve
- Lyon Capitale - 23/02/2017 : https://www.lyoncapitale.fr/

culture/Renoir-de-Villeurbanne-une-nouvelle-expertise-relance-l-affaire/

Chapitre 11

- Liste non exhaustive des œuvres de Renoir sur Wikipedia : https://fr.wikipedia.org/wiki/Liste_des_tableaux_d%27Auguste_Renoir
- Tableau de Renoir *La Sortie en canot* : https://artmight.com/Artists/Pierre-Auguste-Renoir/po-par-007-sortie-en-canot-233157p.html
- Vidéo du Grand Palais - La naissance de la photographie : https://www.youtube.com/watch?v=q2awCruG7UI

Chapitre 12

- 2012 : Les 10 œuvres d'art les plus chères de l'histoire des enchères : https://www.challenges.fr/luxe/les-10-œuvres-d-art-les-plus-cheres-de-l-histoire-des-encheres_293037/slide_1
- https://www.lesechos.fr/industrie-services/diaporamas/le-top-10-des-œuvres-dart-les-plus-cheres-de-lhistoire-132518
- Le Moulin de la Galette au Musée d'Orsay : https://www.musee-orsay.fr/index.php?id=851&tx_commentaire_pi1%5BshowUid%5D=7083&no_cache=1
- Paysage de Renoir : https://magazine.interencheres.com/art-mobilier/toile-de-renoir-estimee-50-000-euros-mise-vente-a-cherbourg/
- "Salvatore Mundi" : comment 450 millions de dollars ont été dépensés en 19 minutes : https://www.youtube.com/watch?v=KCV8T1GD6eA - 16 novembre 2017
- Le Salvator Mundi contesté : https://www.lepoint.fr/culture/je-conteste-l-authenticite-du-salvator-mundi-de-leonard-de-vinci-12-04-2019-2307357_3.php
- Biographie de Ryoei Saito : https://en.wikipedia.org/wiki/Ryoei_Saito

Images

De nombreux documents originaux ont été remis aux avocats. Les photographies enregistrées sur smartphone ont permis de composer des “puzzles” dont chaque élément a rapport au récit. POur en savoir plus et recevoir une version originale souvent en couleurs, contactez l’auteur via sa page : http://renoir.mystrikingly.com/

Bibliographie

La France des Impressionnistes, *Provence*, Hachette 2015, relié, 61 pages.
Renoir, Gauthier Maximilien, Flammarion, 1994, format 28 x 21 x 1,2 cm, 44 planches couleur et 24 en sanguine et noir.
Les peintres français en 1867, Duret Théodore, E.Dentu - Libraire-éditeur, 1867. Disponible en ligne : https://gallica.bnf.fr/ark:/12148/bpt6k65726461.texteImage
Pierre-Auguste Renoir, mon père, Renoir Jean, Gallimard, 1981.
Renoir au temps de la bohème, L'histoire que l'artiste voulait oublier, Le Cœur Charles, L'Echoppe, 2009.
Renoir, Ehrlich White Barbara, Flammarion, 1985.
Les archives de l'impressionnisme ; lettres de Renoir, Monet, Pissarro, Sisley, et autres. Mémoires de Paul Durand-Ruel. Documents. Venturi Lionello, Durand-Ruel éditeurs, 1939.

Table des matières

Images

Bibliographie

Made in the USA
Middletown, DE
08 July 2021